« Sommes-nous devenus des criminels ? »

Vie du maréchal Paulus

Du même auteur

Romans

Priez pour nous, Bernard Barrault, 1990 ; J'ai lu, 2011
Je voudrais descendre, Seuil, 1993
Comme des héros, Fayard, « Libres », 1996
Mon premier jour de bonheur, Julliard, 1996
Des hommes éblouissants, Julliard, 1997
Un jour, je te tuerai, Julliard, 1999 ; J'ai lu, 2002
Trois couples en quête d'orages, Julliard, 2000 ; J'ai lu, 2003
Méfiez-vous des écrivains, Julliard, 2002 ; J'ai lu, 2004
Le Cahier de Turin, Julliard, 2003 ; J'ai lu, 2012
Écrire, Julliard, 2005
Le Chagrin, Julliard, 2010 ; J'ai lu, 2011
Colères, Julliard, 2011
L'Hiver des hommes, Julliard, 2012 ; J'ai lu, 2013
Vertiges, Julliard, 2013 ; J'ai lu, 2015
Échapper, Julliard, 2015 ; J'ai lu, 2016
L'Absente, Julliard, 2016 ; J'ai lu, 2017
Eugenia, Julliard, 2018 ; J'ai lu, 2019
Nous étions nés pour être heureux, Julliard, 2019 ; J'ai lu, 2021
L'Homme qui tremble, Mialet-Barrault Éditeurs, 2021 ; J'ai lu, 2022
Disparaître, Mialet-Barrault Éditeurs, 2022 ; J'ai lu, 2023
Mes pas dans leurs ombres, Mialet-Barrault Éditeurs, 2023

Récit

Il ne m'est rien arrivé (Récit d'un voyage dans les pays en guerre de l'ex-Yougoslavie), Mercure de France, 1994

Documents

Paroles de patrons (avec Stéphane Moles), Alain Moreau, 1980
L'Affaire de Poitiers, Bernard Barrault, 1988
Hienghène. Le désespoir calédonien, Bernard Barrault, 1988
Survivre avec les loups. La véritable histoire de Misha Defonseca, XO, 2011

Lionel Duroy

« Sommes-nous devenus des criminels ? »

Vie du maréchal Paulus

roman

Mialet-Barrault Éditeurs
3, place de l'Odéon
75006 Paris

www.mialetbarrault.fr

ISBN : 978-2-0802-9659-7

Prologue

Depuis le 24 février 2022 la Russie de Vladimir Poutine tente d'annexer l'Ukraine. Lancée par surprise, l'opération ne devait durer qu'une huitaine de jours, or elle se compte désormais en mois, et bientôt peut-être en années. De la même façon, le 22 juin 1941, profitant de l'effet de surprise, Adolf Hitler a lancé ses troupes à l'assaut de la Russie soviétique. Il escomptait s'emparer de son immense territoire en seulement trois mois. Dix-neuf mois plus tard, la défaite de Stalingrad, le 2 février 1943, annonçait la fin de son rêve et la débâcle de l'Allemagne.

Tenus d'obéir, de mener leurs hommes au combat et de compter les morts, que pensent les généraux dans le secret de leur conscience ? Pour ce qui est de la Wehrmacht, il faut attendre le 20 juillet 1944 pour que s'exprime le désir d'en finir avec un dictateur de plus en plus imprévisible et sanguinaire. Ce jour-là, le colonel Claus von Stauffenberg tente d'assassiner Hitler en déposant une bombe sous la table de réunion de son grand quartier général. Hitler en réchappe et l'enquête révélera que plusieurs généraux sont impliqués dans le complot – tous seront condamnés à mort et exécutés comme le fut Stauffenberg le soir même de l'attentat.

Sous Hitler comme sous Poutine, façonnés par l'éthique militaire, les hauts gradés ne sont pas enclins à se rebeller. La majorité écrasante des futurs généraux de la Wehrmacht s'est félicitée de l'arrivée au pouvoir de Hitler le 30 janvier 1933 – le seul homme capable, à leurs yeux, de rendre sa grandeur à l'Allemagne. Si certains ont commencé à douter après Stalingrad, la plupart lui sont restés fidèles jusqu'à la défaite et une poignée seulement s'est dressée contre lui.

Qu'en sera-t-il pour Vladimir Poutine ? Quelle foi en lui ont les généraux russes ? Dans quel état d'esprit mènent-ils cette guerre qui se prolonge et semble sans issue ? Dévalorisés après l'effondrement de l'URSS, les officiers supérieurs ont retrouvé une partie de leur prestige grâce à la remise au goût du jour de l'héritage soviétique voulue par le chef du Kremlin – le retour au culte de la « Grande Guerre patriotique », en particulier – et grâce également aux réformes introduites dans leur formation. Diplômés de l'Académie d'état-major général qui a remplacé la vieille académie militaire Frounzé, les futurs commandants constituent désormais une caste supérieure censée obéir à des qualités morales strictement définies sur le papier – patriotisme, sacrifice de soi, humanité vis-à-vis de l'ennemi, etc. Les crimes commis par ces mêmes commandants contre les populations civiles en Ukraine contredisent cependant ces bonnes intentions. En ira-t-il de même du principe d'obéissance au président de la fédération de Russie inscrit en lettres d'or sur les Tables de l'Académie d'état-major général ? En d'autres termes, un Stauffenberg russe pourrait-il un jour se lever contre Vladimir Poutine pour tenter d'en finir avec la guerre, la dictature, la corruption et le reste ?

C'est cette interrogation sur les états d'âme des militaires dans des guerres illégitimes – guerres d'agression, de maintien d'un peuple sous tutelle coloniale, etc. – qui m'a conduit à m'intéresser au destin singulier du maréchal Friedrich Paulus, commandant de la VIe armée allemande à Stalingrad et à ce titre comptable de la mort de centaines de milliers d'hommes, Allemands et Russes confondus. Pourquoi n'a-t-il pas choisi de désobéir pour sauver la vie de ses soldats ? Pourquoi a-t-il continué d'obéir à Hitler pour lequel il n'avait plus aucun respect ?

J'ai tenté de me glisser dans sa tête pour écrire ce roman, de ses premiers pas dans l'armée à l'effondrement de tout ce pour quoi il était prêt à mourir.

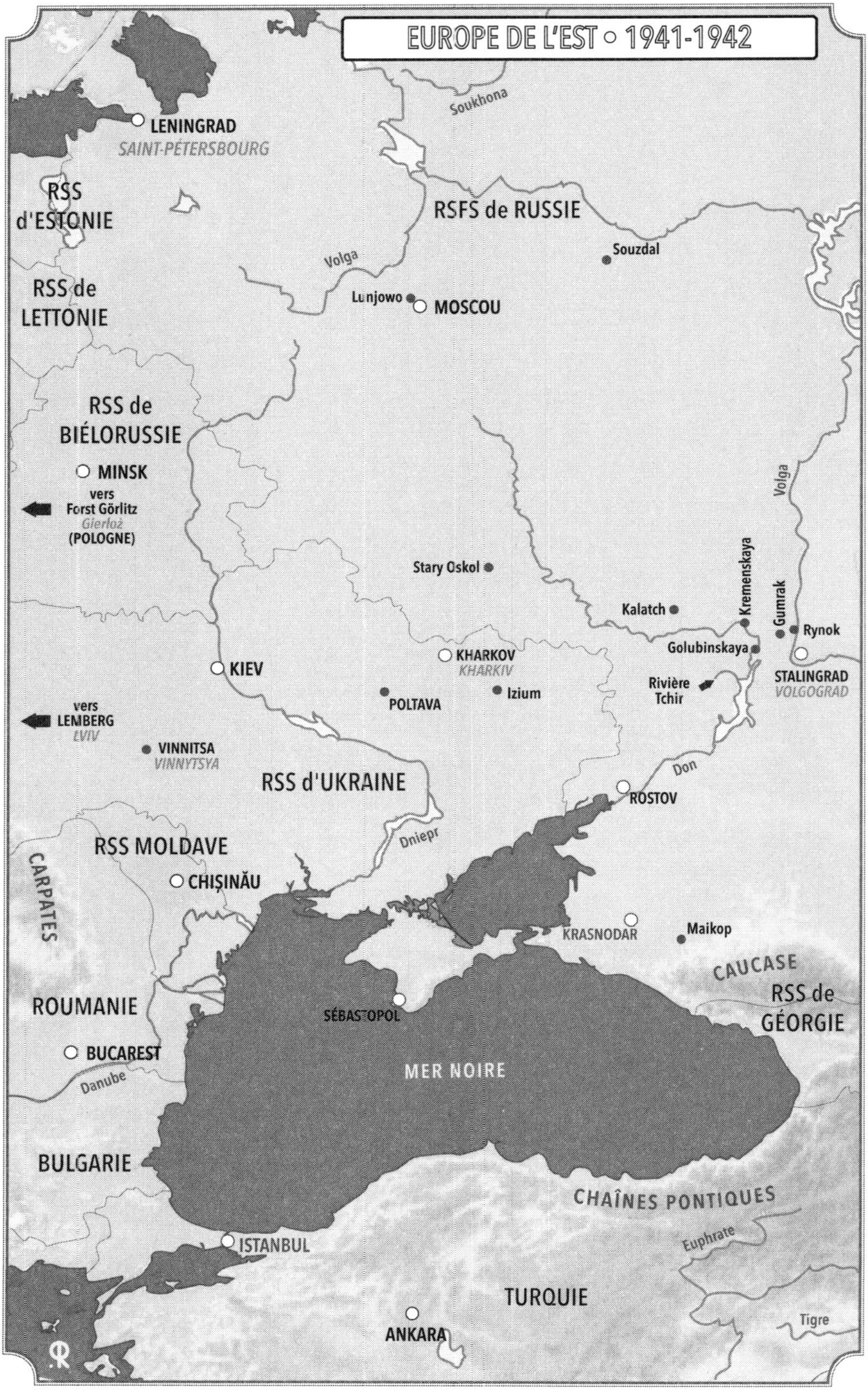
EUROPE DE L'EST ○ 1941-1942
LENINGRAD
SAINT-PÉTERSBOURG
Soukhona
RSS d'ESTONIE
RSFS de RUSSIE
Souzdal
Volga
RSS de LETTONIE
Lunjowo
MOSCOU
RSS de BIÉLORUSSIE
MINSK
vers Forst Görlitz
Gierłoż
(POLOGNE)
Volga
Stary Oskol
Kremenskaya
Gumrak
Kalatch
Rynok
Golubinskaya
KIEV
KHARKOV
KHARKIV
STALINGRAD
VOLGOGRAD
Rivière Tchir
POLTAVA
Izium
vers LEMBERG
LVIV
VINNITSA
VINNYTSYA
Don
RSS d'UKRAINE
ROSTOV
Dniepr
RSS MOLDAVE
CARPATES
CHIȘINĂU
KRASNODAR
Maikop
CAUCASE
RSS de GÉORGIE
ROUMANIE
SÉBASTOPOL
BUCAREST
Danube
MER NOIRE
BULGARIE
CHAÎNES PONTIQUES
ISTANBUL
Euphrate
TURQUIE
ANKARA
Tigre

Première partie

Le devoir d'obéissance

18 septembre 1943. Je commence l'écriture de ce texte tandis que je me trouve prisonnier des Russes avec quelques survivants de la VIe armée allemande, décimée à Stalingrad, dont je fus le commandant en chef.

Ma nomination à la tête de la VIe armée intervint en décembre 1941, en pleine offensive contre la Russie soviétique et à l'issue d'un dîner où s'étaient retrouvés côte à côte Hitler et le maréchal Walter von Reichenau. Jusqu'à présent commandant de la VIe armée, Reichenau venait d'être promu commandant du groupe d'armées Sud sur le front de l'Est. Hitler lui demanda s'il avait en tête le nom d'un successeur à lui proposer pour la VIe armée et Reichenau avança le mien.

« Le général Paulus, dites-vous ? Mais Paulus n'a jamais dirigé une armée, objecta Hitler.

— C'est exact, mais il a été mon chef d'état-major durant les campagnes de Pologne, de Belgique et de France et je l'en crois parfaitement capable. »

Reichenau et moi-même étions étonnamment complémentaires, lui peut-être trop impétueux, moi sans doute trop réfléchi. Il avait une vive aversion pour le travail de bureau, les heures passées à échafauder différentes stratégies, penchés sur des cartes, ce dont je m'étais fait une spécialité – « Ah, me disait-il, rentrant de son footing matinal, montrez-moi donc un peu ce que je vais décider aujourd'hui ! »

Promu aussitôt après la campagne de France, adjoint au chef d'état-major de l'armée de terre, le général Franz Halder, j'avais fait mes adieux à Reichenau avec une pointe de regret. Or, voilà que sur décision de Hitler, j'allais retrouver la VIe armée, cette fois comme commandant en chef, et de nouveau sous les ordres du maréchal von Reichenau puisque mon unité faisait partie du groupe d'armées Sud sur le front russe.

Le général Halder, devenu un ami, et qui aurait voulu me garder auprès de lui à l'état-major général, eut l'élégance de n'en rien faire et de me souhaiter bonne chance.

Je devais prendre mon commandement au début de janvier 1942 et, puisque le calendrier m'y autorisait, j'annonçai aux miens que j'allais pouvoir les rejoindre pour Noël. Avec Constance-Elena Rosetti-Solescu, ma femme depuis 1912, nous sommes parents de trois enfants : Olga, née en 1914, et deux garçons, des jumeaux, Friedrich et Ernst-Alexander, nés en 1918. Tous les deux sont capitaines dans la

Wehrmacht et Constance m'avait dit au téléphone espérer qu'ils seraient également présents pour Noël. On mit à ma disposition un petit avion « Storch » pour rejoindre Baden-Baden où nous habitons et je retrouvai épouse et enfants avec une grande émotion. Ni le mari d'Olga ni Ernst-Alexander (l'un et l'autre officiers dans la VIe armée, et donc désormais sous mon commandement par un de ces hasards que nous réserve parfois la vie) n'avaient pu obtenir une permission, mais Friedrich, qui servait à l'ouest, m'attendait sur le tarmac aux côtés d'Olga et de ma lumineuse Constance.

Constance est une étoile, j'allais écrire « ma bonne étoile », abusivement cependant puisque ses jugements, toujours très assurés, n'auront finalement pesé en rien sur mes décisions, je le mesure cruellement aujourd'hui tandis que j'écris ces lignes. Dès 1933, Constance m'a exprimé son profond dégoût pour Hitler, estimant qu'il n'y avait rien à attendre « de ce fanatique inculte et vulgaire aux allures de souteneur ». En septembre 1939, elle ne m'a pas caché l'horreur et le désespoir que lui inspirait l'invasion de la Pologne, et ceci alors même que je participais à cette invasion comme bras droit de Reichenau. En 1940-1941, quand elle a deviné que se préparait la guerre contre la Russie, elle a aussitôt évoqué « une folie criminelle » qui allait coûter à l'Allemagne « des pertes colossales », et ceci alors que j'étais en charge à l'état-major général de planifier dans le plus grand secret cette nouvelle agression.

Ma bonne étoile pourtant, oui, car venant d'où je viens jamais je n'aurais pu espérer épouser une jeune femme issue de la noblesse roumaine. Enfant d'un modeste fonctionnaire, j'avais tenté d'intégrer la marine après l'obtention de mon baccalauréat, et la marine n'avait pas voulu de moi – par tradition, elle n'acceptait dans ses rangs que de grands noms. Nous étions en 1909, je m'étais rabattu sur l'armée de terre, plus populaire, moins sourcilleuse.

Et c'est par l'armée de terre, ironie magnifique, que j'ai rencontré Constance. Sous-lieutenant au 3e régiment d'infanterie de Rastatt (Bade-Wurtemberg), je me suis rapidement lié avec deux frères d'origine roumaine, officiers comme moi, Efrem et Constantin Rosetti-Solescu. Ils m'invitèrent bientôt à partager des vacances en Forêt-Noire et c'est ainsi qu'ils me présentèrent leur sœur, Constance-Elena. Je fus immédiatement ébloui par sa beauté, son esprit, sa vivacité, et comme j'improvisais, quelque temps plus tard, une alliance en herbes des champs que j'osais lui glisser au doigt, j'eus l'immense bonheur d'observer son trouble :

« Vous voulez, Friedrich ? Vous voulez, ou ce n'est qu'un jeu ? s'était-elle enquise.

— Je le veux de toutes mes forces.

— Alors dites-le ! Dites-le vite, je vous le demande !

— Constance, accepteriez-vous d'être ma femme ?

— Oh mon Dieu... Oui ! Oui, bien sûr ! »

Ainsi nous mariâmes-nous durant le bel été 1912.

Mais je reviens à cette soirée de Noël 1941. En dépit de nos bonnes dispositions, ce fut une fête un peu triste du fait de l'absence d'Ernst-Alexander et d'Achim, le mari d'Olga. Sur le front russe, rien ne s'était passé comme prévu. J'avais moi-même envisagé, suivant en cela l'avis de Hitler, que la campagne, lancée le 22 juin 1941, pût ne pas excéder cinq à six semaines, or six mois plus tard ni Moscou ni Leningrad n'étaient encore tombées et, au sud, la VIe armée hibernait à Kharkov, bien loin de Stalingrad qu'elle aurait dû prendre durant l'été. Surpris par les pluies, puis par la neige et le gel, nos quatre millions de soldats, allemands, roumains et italiens, bivouaquaient alors par quarante degrés au-dessous de zéro. Les nouvelles du front n'étaient pas bonnes, dans chaque famille on redoutait d'apprendre la mort d'un fils ou d'un père, et nous n'échappions pas à cette angoisse. Constance s'était efforcée d'être tendre et joyeuse – j'allais repartir le lendemain et nous ne savions pas quand nous nous reverrions – mais je me rappelle que, l'observant à la dérobée, sa soudaine gravité m'avait ramené au seul Noël que nous avions pu partager durant la guerre de 14-18, celui de 1916. Elle m'avait dit alors avoir le pressentiment d'un malheur, s'était réjouie de me savoir nommé à l'état-major après plusieurs mois dans les tranchées, devant Verdun. Et le malheur était en effet survenu : son frère Efrem avait été tué trois mois plus tard sur la crête de Vimy, dans le Pas-de-Calais.

Le quartier général de la VIe armée se trouve alors à Poltava, en Ukraine, et c'est là que j'atterris, le 5 janvier 1942, pour y prendre mon commandement. J'y retrouve le maréchal von Reichenau, et de vieux camarades des campagnes de Pologne et de France, tels le colonel Heim, qui devient mon chef d'état-major, ou encore les généraux Stumme, von Seydlitz et Heitz, qui seront mes adjoints. J'ai cinquante et un ans, je suis le plus jeune d'entre eux. Les uns arrivent, d'autres repartent pour Berlin, et Reichenau prend alors l'initiative d'organiser un banquet pour nous fêter tous. Ce sera sa dernière apparition en chef de guerre flamboyant.

Le surlendemain, alors qu'il rentre de son habituel footing et se présente pour déjeuner, les quelques officiers qui le croisent au mess sont surpris par sa pâleur. Un moment plus tard il s'effondre et ne reprendra pas connaissance. Prévenu par le colonel Heim, Hitler envoie un avion sur le front de Leningrad quérir le médecin personnel de la famille Reichenau avec ordre de rejoindre le maréchal et de le soigner. Quelques heures plus tard, le même appareil s'envole pour Leipzig avec à son bord le maréchal, toujours inconscient, et son médecin, le professeur Hochrein. Cependant l'avion, victime d'une panne en plein ciel, doit atterrir d'urgence à Lemberg, en Pologne, et capote. Arrivé à Leipzig, le maréchal a cessé de vivre. L'équipe médicale diagnostiquera une fracture du crâne survenue dans le crash. Elle se serait ajoutée à une congestion pulmonaire due vraisemblablement au grand froid.

L'annonce de la mort du maréchal plonge toute l'armée dans le deuil et m'affecte profondément. De l'homme qui contribua par sa bravoure au prestige de la VIe armée, je garde ce petit mot écrit au soir du banquet :

> Cher Paulus !
>
> Tous mes meilleurs vœux. Je ne pouvais espérer voir l'Armée tomber en de meilleures mains que les vôtres. Peut-être un jour…
>
> Bien fidèlement vôtre,
> Reichenau.

De quelle gloire rêvait-il pour sa chère armée à travers cet énigmatique « Peut-être un jour… » ? Nous ne le saurons jamais, et il est heureux qu'il n'ait plus été là pour assister à l'effroyable sacrifice de Stalingrad.

Je suis encore à Poltava, occupé à préparer ma prise de fonction, quand arrive le successeur de Reichenau, le maréchal Fedor von Bock, issu d'une lignée de hauts militaires prussiens. Grand admirateur de Hitler, mais adversaire farouche des nazis dont il stigmatise les « déviances criminelles » et la « vulgarité », l'homme est connu pour s'être exclamé, au lendemain de la « nuit de cristal » durant laquelle un nombre indéterminé de Juifs furent massacrés et leurs commerces pillés : « Ne pourrait-on pas pendre plutôt ce cochon de Goebbels ! » ; connu également pour avoir protesté contre les massacres commis par la Schutzstaffel durant la campagne de Pologne.

Bock est à cet égard l'opposé de Reichenau qui avait adhéré sans états d'âme à l'ordonnance dite « des commissaires du peuple », stipulant que la Wehrmacht ne devait pas traiter en prisonniers de guerre les commissaires politiques des unités russes, mais les fusiller sur-le-champ. Dans une proclamation à la VIe armée, Reichenau ajoutait encore au déshonneur en écrivant : « Le soldat, en territoire oriental, n'est pas seulement un combattant selon les règles de l'art de la guerre ; il est, en outre, le représentant d'une idéologie raciale et le vengeur de toutes les bestialités commises à l'égard de la race germanique et des peuples qui lui sont affiliés. Il faut donc que le soldat soit clairement conscient de la nécessité de faire durement expier ses fautes à cette race inférieure qu'est la juiverie. »

C'était à mon sens un appel à commettre toutes sortes de crimes. Ma première initiative fut donc de contredire Reichenau en rappelant à mes soldats que sous mon commandement aucune exaction ne serait tolérée, que ce soit à l'égard des populations civiles ou des commissaires politiques. De mon point de vue, l'armée devait s'en tenir au strict droit de la guerre et demeurer sourde aux idéologies, quelles qu'elles fussent. En dépit du respect que je lui vouais, je l'avais précisé au maréchal peu avant sa mort, et comme à son habitude il s'en était sorti par un haussement d'épaules : « Paulus, j'ai une grande confiance en vous, mais nous sommes différents. Laissez-moi donc faire la guerre comme je l'entends et croyez bien que je vous laisserai la même liberté ! »

Cela pour dire que je ne fus pas mécontent de me retrouver sous les ordres de son successeur dont je me sentais plus proche sur le seul plan de l'éthique, mais qui n'avait aucune sympathie pour moi – « Paulus est un homme assez ordinaire », devait-il écrire dans un rapport qui passa par erreur entre mes mains. Ce n'était sûrement pas un compliment dans la bouche du maréchal von Bock, sinon je me serais félicité d'avoir su demeurer un homme ordinaire en dépit des responsabilités écrasantes qui pesaient sur mes épaules. Que l'on veuille bien garder à l'esprit que la VIe armée comptait trois cent trente mille hommes dont j'avais désormais à répondre.

Dans le même temps, je tombai par hasard sur ce portrait croisé de Reichenau et de moi-même écrit par mon chef d'état-major, le colonel Ferdinand Heim, qui me fit chaud au cœur :

> Le roi est mort, vive le roi ! En peu de jours, le nouveau commandant en chef avait pris en main

fermement le gouvernail échappé aux mains du mourant. C'était, lui aussi, un vrai militaire connaissant son métier de soldat sur le bout des doigts. Et pourtant, quelle différence avec son prédécesseur, quand ce n'eût été que dans l'aspect extérieur ! Toujours tiré à quatre épingles, les mains fines et soignées, un col dépassant la tunique d'une blancheur immaculée, des bottes impeccablement cirées, tout contrastait chez lui avec la tenue volontairement négligée, voire débraillée, de celui qui l'avait précédé. Je n'avais plus en face de moi ce corps trapu solidement planté sur ses jambes écartées, mais une silhouette élancée, de stature un peu excessive, et qui semblait toujours se pencher avec condescendance sur ceux que la nature avait moins favorisés sous le rapport de la taille. Au lieu du visage rubicond épanoui du maréchal, aux petits yeux bleu clair enfoncés dans leurs orbites, mais si vifs et perçants, je retrouvais désormais ces traits affinés que je connaissais bien. Visage d'ascète ? Non, car il y manquait la dureté. C'était bien plutôt celui d'un martyr…

Après quelques jours, je pris la décision de quitter Poltava, où le maréchal von Bock comptait demeurer avec son état-major, pour installer mon poste de commandement à Kharkov, au sein même de la VIe armée.

La situation que m'avait laissée Reichenau sur le front n'était pas bonne. Les Russes avaient enfoncé nos lignes à Izium, au sud de Kharkov, créant à cet endroit une profonde poche, et il était clair qu'ils souhaitaient percer dans cette zone afin de nous prendre en tenaille. Les combats se poursuivaient donc ici par des températures abyssales et dans des conditions très difficiles pour nos soldats. Tandis que les fantassins russes du maréchal Timochenko étaient chaudement équipés et parfaitement nourris (nous en eûmes la preuve lorsque nous les fîmes prisonniers par milliers), beaucoup des nôtres étaient encore en tenue d'été et tous insuffisamment ravitaillés. Les voies ferrées continuellement sabotées et les routes verglacées nuisaient à l'approvisionnement si loin de nos bases. Les trains déraillaient, les convois de camions tombaient en panne, quand ils n'étaient pas attaqués par des partisans. Nous manquions de rations et de vêtements chauds pour les hommes, de carburant pour les chars, de fourrage pour les chevaux. Nous manquions de tout.

Je le constatai dès mes premières visites dans les bivouacs et les bunkers, fin janvier, en pleine tempête de neige. Qu'ils fussent officiers ou simples soldats, je souhaitais que tous me connaissent, qu'ils soient bien conscients que leur vie m'importait, que la vie de *chacun* m'importait. Je ne voulais rien de protocolaire, aussi je me présentais sans prévenir, accompagné seulement de mon aide de camp, et parfois de Heim qui avait toujours un mot d'encouragement, lui aussi. Il fallait à tout prix tenir nos positions, empêcher les Russes de percer en attendant les premiers jours du printemps. Alors les routes seraient de nouveau praticables, tout rentrerait dans l'ordre et nous lancerions une contre-offensive. Je voulais qu'ils sachent que le Führer et le pays tout entier comptaient sur nous.

Au maréchal von Bock, qui m'avait écrit qu'à son sens la VIe armée n'avait plus le « feu sacré », je répondis respectueusement que, rentrant d'inspection, je ne pouvais que me féliciter du moral de nos soldats en dépit de conditions de vie et de combat extrêmement défavorables. J'ajoutai, pour illustrer mon propos, que le 208e régiment d'infanterie, engagé sous Kharkov, avait perdu sept cents hommes ces derniers jours, non pas au feu mais morts d'épuisement ou victimes de gelures.

Au début du mois d'avril, nous reçûmes les directives de Hitler pour la campagne d'été 1942.

Tandis que le groupe d'armées Nord devait s'emparer de Leningrad et faire la jonction avec notre allié finlandais, notre groupe d'armées Sud devait poursuivre un double objectif : d'une part, prendre Stalingrad pour s'assurer la maîtrise de ses usines et de la Volga ; d'autre part, conquérir le Caucase, plus au sud, afin de mettre la main sur les champs pétrolifères indispensables à la poursuite de la guerre.

À la VIe armée incombait la prise de Stalingrad. Mon chef d'état-major, le colonel Heim, venait de m'être retiré au profit du brillant colonel Arthur Schmidt, bientôt promu général, et nous étions occupés à préparer ensemble notre offensive de printemps quand Timochenko nous prit de vitesse en attaquant à l'aube du 9 mai.

Trois jours plus tard, les Russes avaient encore élargi la poche d'Izium – mais ils n'avaient pas réussi à percer – tandis qu'au nord ils ne se trouvaient plus qu'à vingt kilomètres de Kharkov et menaçaient de nous reprendre la ville. Cependant, le premier choc passé, nous pûmes lancer la contre-attaque, dont le dispositif avait été mûrement réfléchi. Persuadés qu'ils perceraient, les Russes s'étaient massivement engouffrés dans la hernie d'Izium – eh bien nous allions les y enfermer et les anéantir. L'engagement fut d'une violence inouïe, nos centaines de blindés précipités contre les leurs. Venu assister à la bataille, le 23 mai, le maréchal von Bock nota ce soir-là dans son journal : « L'ennemi fait des efforts désespérés, tant de l'intérieur que de l'extérieur, pour rompre notre encerclement. »

« Désespérés » est le mot juste. Un des hauts gradés russes que nous fîmes prisonnier devait nous raconter que le maréchal Timochenko, suivant l'affrontement des chars depuis un promontoire et constatant à quelle allure les siens se faisaient mettre en pièces par les nôtres, se serait écrié : « Mais c'est épouvantable ! Épouvantable ! », avant de se retirer dans son poste de commandement.

Le 29 mai, notre victoire est totale, et le bilan très lourd pour l'Armée rouge : 239 306 prisonniers, 2 026 canons et 1 246 chars détruits, 540 avions abattus.

« Nos propres pertes, note von Bock, ne dépassent guère vingt mille hommes. »

Me remémorant cette phrase à l'instant, j'en mesure l'implacable froideur, et cependant j'ai le souvenir, moi aussi, de m'être félicité sur le moment de n'avoir perdu *que* vingt mille hommes. Soit la population d'une ville moyenne, n'est-ce pas.

Mon fils, Ernst-Alexander, capitaine dans une division blindée, aurait pu se trouver parmi les morts. On me prévint que son char avait été détruit, qu'il avait pu être « récupéré » par des brancardiers mais souffrait de graves blessures. Puis lui-même me téléphona pour m'annoncer qu'il allait être ramené à l'arrière et passerait me saluer. Était-ce de le voir si diminué ? Était-ce d'avoir perdu tant d'hommes ? En dépit de notre réussite, j'avais de mauvais pressentiments et je lui en fis part secrètement. Certes, nous avions écrasé les Russes une fois de plus ; certes, nos soldats et nos blindés étaient meilleurs que les leurs, mais n'était-il pas déraisonnable d'espérer vaincre un pays quarante fois plus vaste que l'Allemagne et disposant de réserves en hommes sans comparaison avec les nôtres ? Combien de batailles encore – et combien de morts – avant d'espérer obtenir la victoire finale, la seule qui m'importait ? Et jusqu'où les Russes nous entraîneraient-ils dans cette quête ?

Ernst-Alexander parti, j'eus un moment d'abattement en songeant aux propos de Constance, dix-huit mois plus tôt, lorsqu'elle avait compris que nous préparions l'invasion de l'Union soviétique – « une folie criminelle », avait-elle soufflé, qui coûterait à l'Allemagne « des pertes colossales ». N'étions-nous pas en pleine folie, en effet ? Qu'allait-elle penser en retrouvant notre fils ?

Le succès de la VIe armée à Kharkov me vaut de recevoir le titre de chevalier dans la croix de fer et d'être célébré en héros à travers tout le pays. La propagande veut y voir le premier sursaut de cette campagne de Russie pourtant bien mal engagée. Mon nom et ma photo figurent en couverture des journaux aux côtés de propos optimistes du maréchal von Bock, de retour d'une tournée d'inspection sur le front sud : « Partout, dit ce grand soldat unanimement respecté, le tableau est le même : l'ennemi, de plus en plus étroitement refoulé de toutes parts, tente encore ici et là des efforts désespérés, mais il est manifestement au bout de ses forces. Des nuées de prisonniers refluent de tous côtés, croisant nos blindés et les colonnes de la 1re division de montagne qui partent gaiement à l'assaut. Le spectacle est vraiment impressionnant. » Alors se propage dans l'esprit des états-majors, comme dans celui du peuple allemand, l'idée trompeuse que la grande Russie est à l'agonie, son armée défaite, son peuple affamé, son industrie bientôt entre nos mains, et qu'un ultime

« coup de reins » de notre héroïque Wehrmacht suffira pour en finir.

Sur le terrain, les nombreuses conquêtes de juin et juillet semblent conforter cette impression. Tout le front, long de deux mille kilomètres, voit notre campagne d'été engranger de nouvelles avancées. Pour ce qui est de la VIe armée, après avoir solidifié nos positions à Kharkov, nous prenons la ville de Stary Oskol, faisons de nouveau plus de quarante mille prisonniers, franchissons la rivière Tchir et progressons à bonne allure dans la toundra brûlante et poussiéreuse en direction de Kalatch et de Stalingrad. Les Russes reculent, certes, mais non sans combattre, et nous essuyons parfois de lourdes pertes. Pourtant, le moral de mes soldats demeure intact, ils se battent avec une vigueur remarquable et, durant les jours moins agités, je les entends rire et chanter dans les campements, portés par la conviction que le triomphe est au bout de cette course folle. C'est le message que je fais passer chaque matin à tous mes officiers.

Les Russes se sont repliés à Kalatch, sur la rive ouest du Don. L'aviation nous a communiqué une estimation de leurs forces. Ce sera vraisemblablement la dernière bataille avant la prise de Stalingrad, l'ultime verrou avant l'engagement final, et c'est avec ce mot d'ordre que nous galvanisons la troupe.

Les combats démarrent le 7 août au matin. Ils sont acharnés, pourtant après trois jours seulement les

Russes battent en retraite – la ville est à nous. Nouvelle victoire, mais à quel prix ? Nous rapatrions nos morts et nos blessés, soignons sur place ceux qui peuvent l'être. L'épuisement des hommes et du matériel est palpable. Il faut accorder du repos aux premiers et réparer camions et blindés, dont les moteurs résistent difficilement au sable. La remise de l'armée en ordre de marche nécessite plusieurs jours et ce n'est que le 21 août que nous sommes en mesure de franchir le Don pour parcourir les quatre-vingts kilomètres qui nous séparent encore de Stalingrad.

Les hommes n'ont pas été relevés depuis le terrible hiver 1941-1942 et le haut commandement ne semble pas s'en inquiéter. Je me sens moi-même extrêmement fatigué, partageant les conditions de vie de mes soldats, la chaleur suffocante, les tempêtes de sable, les nuits sans sommeil, atteint comme eux de dysenterie, avec de surcroît le souci constant de l'horloge des saisons qui semble jouer avec nos nerfs. Ne sommes-nous pas déjà fin août ? Ce sera bientôt l'automne, le retour des pluies, et nous n'avons pas encore mis le pied à Stalingrad que nous avions prévu de prendre… l'été précédent !

Cependant, le Don franchi, tout semble se précipiter. Une unité de blindés atteint très rapidement Rynok, petite localité située au nord de Stalingrad, et parvient à s'y maintenir en dépit d'une forte résistance. Puis la VIe armée au complet tient enfin les faubourgs de la ville en ligne de mire. Une ville immense, s'étirant sur la rive droite de la Volga sur près de quarante kilomètres. Comment s'emparer d'une telle agglomération ? Ici, les manœuvres de « grand style » enseignées dans les écoles de guerre, les subtiles tactiques d'état-major sont inopérantes. Il faut entrer, voir la résistance que nous opposera l'ennemi, et s'adapter à sa stratégie. C'est ce que nous faisons. Et dès les premiers accrochages nous comprenons que les Russes entendent bien nous disputer chaque immeuble, chaque conduite d'égout, chaque pâté de maisons, et qu'à cette allure Stalingrad pourrait bien n'être pas prise avant l'hiver. Comme ils le font depuis Kharkov, les Soviétiques ripostent très durement, puis soudain ils cèdent le terrain, nous attirant à leur suite, et ainsi chaque jour nous nous enfonçons un peu plus dans les dédales de la ville, laissant derrière nous des rues éventrées, des quartiers dévastés. Au prix de combien de morts et de blessés ? Après une semaine de ces combats sans fin pour grignoter quelques mètres carrés, j'évoque en réunion d'état-major le douloureux souvenir de Verdun, « l'immense gâchis de Verdun », dis-je amèrement, et Schmidt, qui avait voulu croire en une victoire éclair, ne peut qu'acquiescer.

« Ça se traîne toujours devant Stalingrad », relève le 10 septembre le général d'aviation von Richthofen depuis son cockpit. Et quelque temps plus tard, manifestement agacé : « Le ratissage de la ville n'avance qu'à pas de tortue bien que l'adversaire soit faible et peu combatif. Nos gens manquent de mordant. Si on y mettait un peu plus d'élan la ville devrait tomber en deux jours. »

Je connais bien Richthofen qui a été chargé de nous appuyer avec sa 4e flotte aérienne, nous partageons souvent le même avis, mais cette fois nous ferraillons durement. Qu'il vienne donc voir ce que vivent mes hommes, embusqués derrière des pans de mur pour arracher à l'ennemi une chambre après l'autre, un étage après l'autre ! Et comment ose-t-il parler de la faiblesse de l'adversaire tout en mentionnant, dans le même rapport de mission, qu'au nord de la ville « les Russes rassemblent des forces pour attaquer », ce que me confirment mes propres observateurs ?

Le 12 septembre, convoqué par Hitler, je m'envole pour le grand quartier général installé à Vinnitsa, en Ukraine.

Le Führer est mécontent de la façon dont avancent les opérations à Stalingrad. Informé par le haut commandement, selon lequel les Russes sont à bout de force – ce que confirment les rapports fantaisistes de Richthofen –, il veut comprendre pourquoi la ville n'est toujours pas tombée.

« Nous rencontrons une résistance opiniâtre, dis-je.

— Ce sont d'ultimes sursauts, Paulus, les Russes sont défaits. Foncez, je compte sur vous et votre valeureuse armée.

— À vos ordres, mon Führer.

— Je connais vos qualités, transmettez mes compliments à Schmidt et à vos soldats. »

Mais je ne prends pas congé, et quand j'en viens au seul sujet qui me semble mériter des décisions immédiates – les flancs de mon armée dangereusement à découvert quand les Russes acheminent de nouvelles troupes vers Stalingrad –, Hitler se met aussitôt en colère.

« De quoi me parlez-vous ! Les Russes sont à genoux.

— J'aimerais vous croire, mais ce n'est pas ce que me rapportent nos observateurs.

— Eh bien ils se trompent ! Je ne veux plus rien entendre à ce sujet. Emparez-vous de Stalingrad et de la Volga, Paulus, aidez-moi à terminer cette guerre et cessez de me parler des Russes ! Les Russes, les Russes, les Russes ! Vous n'avez que ce mot à la bouche. Les Russes ne représentent plus rien, voilà la vérité ! »

Pourtant, au fil des journées de septembre le danger se précise et Richthofen, dont les avions survolent Stalingrad et sont accrochés quotidiennement par des chasseurs soviétiques, change de point de vue. « Dans la ville même, répète-t-il le 22 septembre, la progression est désespérément lente. » Mais cette fois, la lenteur ne serait plus à mettre au compte de nos soldats qui manqueraient d'allant, mais bien de « nouvelles divisions » venues renforcer l'ennemi. Et le 26 septembre il en a la confirmation : « Le Russe, écrit-il, réagit fort avec ses "orgues de Staline" ! » Il devient de plus en plus clair que l'Armée rouge n'est pas à genoux, comme on le prétend à Berlin et à Vinnitsa, mais qu'au contraire Moscou ne cesse d'acheminer des troupes fraîches autour de Stalingrad.

Le général Halder, chef de l'état-major général, avec lequel je suis quotidiennement en contact, comprend à son tour que nous ne pourrons pas l'emporter sans de nouveaux effectifs d'infanterie. Et lui aussi s'inquiète de l'isolement de mon armée dont les flancs sont très insuffisamment couverts par des unités roumaines et italiennes sous-équipées. Constatant dans le même temps l'accumulation des forces russes sur la Volga, Halder pressent le danger et s'en ouvre à Hitler dans les derniers jours de septembre.

La réunion est orageuse, Hitler ne veut rien entendre, il maintient que « le Russe est vaincu », qu'il attend de la VIe armée une victoire rapide et, comme Halder ose lui tenir tête, il le démet séance tenante de ses fonctions pour le remplacer par le général Kurt Zeitzler, alors chef d'état-major des armées sur le front ouest.

Avec le départ du général Halder, la Wehrmacht perd à la fois un grand stratège et un homme qui ne transige pas avec l'éthique. Quant à moi, je perds un ami et une oreille attentive. Mais je veux dire ici que si l'attitude insensée du Führer entame la confiance que j'ai placée en lui dès son accession au pouvoir, comme l'écrasante majorité des militaires, elle n'ébranle nullement mon devoir d'obéissance, celui que tout soldat doit au chef suprême désigné par le peuple. Il me faudra être le témoin de bien d'autres indices de la folie criminelle de Hitler et de son régime pour m'amener à renoncer au serment de loyauté que nous autres gradés avons prêté à cet homme. J'y viendrai dans la seconde partie de ce travail d'histoire et d'introspection, quand il me faudra m'interroger sur les fondements de ma docilité, comme sur mon aveuglement. Le général Halder sera plus prompt que moi à réagir puisqu'il rejoindra dès 1943 le mouvement des officiers opposés à Hitler, sans cautionner cependant la tentative d'assassinat du dictateur fomentée par le colonel von Stauffenberg, en juillet 1944. « Un chrétien, dira-t-il à Stauffenberg en l'éconduisant, ne peut recourir à de tels moyens. »

Octobre est là, et la victoire finale semble toujours s'éloigner. Nos soldats se battent avec un louable courage, mais que de morts et de blessés pour trois pâtés d'immeubles réduits à l'état de carcasses ! Certes, nous infligeons de « lourdes pertes à l'ennemi », pour reprendre les mots de la propagande sur les ondes berlinoises, mais les soldats russes, comme les blés, semblent repousser aussitôt fauchés, toujours plus frais et bien équipés, quand les nôtres sont de plus en plus exsangues et vêtus de pièces d'uniformes élimées et dépareillées.

Le 5 du mois je décide de suspendre les assauts pour permettre aux hommes de prendre du repos et réorganiser les unités. Le ravitaillement est insuffisant, les tenues d'hiver ne nous ont pas été livrées, j'en informe l'état-major général qui me fait valoir que les tonnages expédiés par camions correspondent aux besoins. Oui, sans doute, mais deux tiers seulement des convois nous parviennent, les autres sont attaqués par les partisans ou détruits par l'aviation russe. On me promet des renforts en hommes, ils arrivent au compte-gouttes, et leur nombre ne suffit même pas à compenser nos pertes.

Le 10 octobre nous reprenons les opérations. Avec l'aide de nos Stukas nous parvenons enfin à mettre la main sur l'usine de tracteurs. Berlin escomptait s'emparer de l'outil de production soviétique, eh bien c'est un échec, l'usine est vide et nous découvrirons bientôt que les Russes, prétendument défaits et affamés, ont trouvé la force de démonter toutes leurs machines pour les réimplanter dans l'Oural, et jusqu'en Sibérie, où nous serions bien en peine d'aller les chercher.

Novembre nous trouve dans la même impuissance. Certes, nous occupons désormais une partie de l'agglomération en ruine, mais à quoi bon ces combats terriblement meurtriers quand des forces russes considérables se préparent à contre-attaquer ? Nous en avons désormais toutes les preuves, y compris photographiques, mais de façon inexplicable, aussi bien le grand quartier général du Führer – maréchal Keitel et général Jodl – que l'état-major général de l'armée de terre – général Zeitzler – restent sourds à nos avertissements. Il est pourtant clair que dans ces conditions la prise de la ville et la maîtrise du cours de la Volga sont très gravement compromises et qu'il serait urgent de redéfinir notre stratégie.

C'est dans ce contexte que le 8 novembre, tandis que les premières gelées ajoutent encore aux souffrances des hommes, nous arrive de Berlin une nouvelle stupéfiante : pour commémorer l'anniversaire du putsch de Munich, le 8 novembre 1923, Hitler vient d'annoncer la prise de Stalingrad dans un discours à la nation. Dans tout le pays on l'acclame, on pavoise, tandis qu'ici c'est la consternation. « Nul n'est capable de déloger le soldat allemand une fois qu'il a pris pied quelque part », s'est enorgueilli le Führer. Et il a même osé ajouter que pour économiser le précieux sang de nos soldats la conquête de la ville a été menée adroitement « par de tout petits groupes d'assaut ».

Pour tous ceux qui entendent cela ici, à Stalingrad, c'est assurément un nouveau coup porté à la confiance que nous placions en lui. Ce même 8 novembre 1942, quelques jours seulement après la dramatique défaite du maréchal Rommel en Égypte, la radio anglaise nous apprend qu'un débarquement anglo-américain en Afrique du Nord s'est déroulé avec succès. Après les glorieuses campagnes des années 1939-1940, la toute-puissance de l'Allemagne semble soudain contestée, pour ne pas dire fragilisée.

Hitler est-il devenu fou au point de croire à son mensonge ? Ou bien a-t-il éprouvé le besoin d'inventer une victoire pour forcer le destin et faire taire les rumeurs d'une nouvelle défaite ? C'est l'objet de mes réflexions. Le plus inquiétant, dans l'immédiat, est à mes yeux qu'après cette annonce il ne pourra plus se déjuger, sous peine de perdre la face devant le pays, et qu'en d'autres termes nous sommes *condamnés* à vaincre au nom de la cohésion de la nation.

Soucieux jusqu'à présent d'obéir et de m'en tenir aux limites de ma mission, comme nous le demande régulièrement Hitler – « Réussissez à votre place et ne vous préoccupez pas de ce qui se passe à côté » –, j'en viens pour la première fois à m'interroger sur le rôle de ses plus proches conseillers militaires : le maréchal Wilhelm Keitel, commandant suprême des forces armées ; son bras droit, le général Alfred Jodl ; et enfin le maréchal du Reich, Hermann Göring, successeur désigné du Führer. Comment ces trois hommes ont-ils pu le laisser dire que Stalingrad était à nous ? Ils semblent inamovibles quand nos plus grands soldats sont démis lorsqu'ils osent contester la parole du chef, comme ce fut le cas pour le général Halder. Le silence serait-il le secret de leur longévité ? Il se murmure que Keitel, médiocre commandant, ne fait qu'entériner les décisions de Hitler et que Göring est plus soucieux de conserver le prestige et le luxe que lui confère son rang que d'aller crotter ses tenues de parade sur le champ de bataille. Ce serait dire qu'en ce cas la conduite de la guerre ne reposerait plus que sur les épaules d'un seul homme, Hitler, animé d'un incontestable génie si l'on se fie au redressement de l'Allemagne depuis son arrivée au pouvoir et à nos fulgurantes conquêtes, celle de la France en particulier, mais susceptible de se tromper comme n'importe quel être humain.

En dépit de nos avertissements sur l'imminence d'une contre-offensive russe, l'ordre est maintenu de poursuivre les combats de rue dans Stalingrad.

Le 12 novembre, alors que les premières pluies de glace s'abattent sur les hommes qui n'ont toujours pas reçu leurs tenues d'hiver et ne les recevront pas, Richthofen me fait part de ses inquiétudes : ses pilotes ont constaté que les Russes s'affairent désormais devant les unités roumaines, sur mon aile gauche, qu'ils accumulent de l'infanterie et positionnent des batteries en quantité. Ce sont sans aucun doute les prémices de l'opération d'encerclement de notre armée que nous craignons l'un comme l'autre. Pour seule riposte, la flotte aérienne roumaine sacrifie ses rares appareils en bombardant vainement ces préparatifs tandis que nos avions attaquent les voies ferrées, à l'est de Stalingrad, pour tenter de ralentir l'arrivée des troupes russes et de leurs trains de ravitaillement et d'armement. Que pouvons-nous faire d'autre, engagés dans une guérilla urbaine qui monopolise toute notre infanterie ?

Le 19 novembre, le général Richthofen sonne l'alarme : « Ce matin, m'écrit-il, le Russe est passé à l'attaque que nous attendions depuis longtemps. Débouchant de la tête de pont de Kremenskaya, il a franchi le Don et réussi, contre l'aile gauche de la VIe armée, une percée sur un large front en direction du Tchir. Ses blindés roulent déjà derrière le front de la IIe armée roumaine. Les Roumains auraient déjà un corps d'armée cul par-dessus tête.

« Le Russe, ajoute-t-il, a su utiliser le mauvais temps de main de maître. La pluie, la neige, les brouillards givrants ont empêché toute sortie de notre aviation. Il est impossible de bombarder les passages du Don. Il n'est même pas possible d'obtenir une vue d'ensemble de la situation par l'exploration aérienne. Espérons que le Russe ne va pas réussir à pousser jusqu'à la voie ferrée qui est tout de même l'artère vitale de notre ravitaillement. »

Le jour même, je prends la décision de suspendre les combats de rue pour acheminer toutes nos forces disponibles sur notre aile gauche, en appui des restes de l'armée roumaine en pleine débandade. À cet instant, le général Schmidt et moi-même avons encore l'espoir d'arrêter la manœuvre d'encerclement lancée par l'Armée rouge.

Trois jours plus tard, cependant, le 22 novembre, tandis que nous sommes penchés sur les cartes du front dans la maison du village de Golubinskaya où nous avons installé notre poste de commandement, mon aide de camp surgit en toute hâte, les traits défaits : « Mon général, les chars russes ! Les chars russes à moins de trois kilomètres ! » Et, de fait, ils sont là, fermant l'horizon, ferraillant à vive allure vers Kalatch, vers le pont sur le Don de Kalatch et la voie ferrée toute proche, l'un et l'autre indispensables au ravitaillement de nos armées. Notre contre-attaque a échoué, l'encerclement de la VIe armée et de ses alliés roumains se poursuit, cette fois le péril est bien réel.

La première urgence est de déménager le poste de commandement. Nous abandonnons Golubinskaya pour nous replier sur la gare de Gumrak, dans les faubourgs de Stalingrad. Pendant le temps de cette opération, ce même 22 novembre, les blindés russes venus du nord et du sud font leur jonction à Kalatch. Nous sommes encerclés, notre aviation le confirme. Tandis que du grand quartier général, aussitôt alerté, nous arrive l'ordre laconique de « tenir bon en attendant de nouvelles instructions », Schmidt et moi réfléchissons à la solution la plus intelligente pour sauver nos trois cent mille hommes et poursuivre le combat. Je me rappelle lui avoir dit : « Partons chacun de notre côté et retrouvons-nous dans une heure – ainsi éviterons-nous de nous influencer. » Quand nous reprenons langue, nous sommes du même avis : nous devons impérativement nous soustraire à l'encerclement en perçant en direction du sud-ouest où la colonne russe est la plus fragile. Percer comporte le double avantage de sauver l'armée et, ce faisant, de la mobiliser pour une contre-offensive qui prendrait les Russes à revers. Mais il faut agir vite, ne pas leur laisser le temps de consolider le siège.

À l'état-major général, le général Zeitzler partage notre position. Durant la journée du 23, il s'efforce de convaincre Hitler que percer est la seule solution porteuse d'espoir. Cependant, tenu par son annonce du 8 novembre – « Stalingrad est à nous et nul ne saurait faire reculer le soldat allemand » –, le Führer refuse. Ordre me parvient de continuer à tenir Stalingrad et le front de la Volga, et de « faire le hérisson » en attendant une offensive de dégagement venue de l'extérieur.

Le 23 novembre, à 21 h 30, j'adresse à Hitler un long radiotélégramme dans lequel je lui explique ne pas posséder suffisamment d'hommes et d'armement pour garantir le périmètre d'une « marmite » qui devra nécessairement englober des terrains d'aviation pour assurer le ravitaillement par les airs de nos soldats, en conséquence de quoi je lui demande de nouveau l'autorisation de percer.

« L'armée court au-devant de son anéantissement si elle n'entreprend pas de sortir dans un très court délai, fais-je valoir. Nous y perdrons sans aucun doute un important matériel, mais la majorité de nos valeureux combattants et une partie du matériel seront sauvées.

« Je vous demande à nouveau, en raison de cette situation, écris-je pour terminer, de me donner toute liberté d'action. »

La réponse de Hitler, arrivée dans la nuit du 23 au 24 novembre, ne varie pas d'un pouce : ordre m'est confirmé de « faire le hérisson » en attendant une opération de dégagement qui pourrait intervenir dans les premiers jours de décembre. D'ici là, nous serions ravitaillés par la 4e flotte aérienne du général von Richthofen.

Aussitôt transmises à mes généraux de corps d'armée, les consignes de Hitler suscitent de vives discussions. Le général von Seydlitz me conjure de désobéir et de percer, me faisant valoir l'impossibilité de ravitailler autant d'hommes par les airs, arguant que l'armée court à sa perte par la faute d'un esprit obtus, et qu'à la fin l'Histoire me jugera sévèrement car je ne suis pas responsable devant Hitler mais bien devant le peuple allemand.

Mes quatre autres commandants de corps estiment à l'inverse qu'il est inenvisageable de désobéir. En nous demandant de poursuivre le combat ici, où se cristallisent d'importantes forces russes, qui sait si le grand quartier général n'entend pas ainsi alléger la pression de l'ennemi sur d'autres secteurs, dans le Caucase par exemple ? Nous n'avons aucune vue d'ensemble du front, désobéir pourrait nous rendre responsables d'une défaite bien plus importante que le seul destin de la VIe armée. Je me range à cet avis, et Seydlitz également, bien que lui-même demeure plein de doutes sur l'aptitude au commandement du grand quartier général.

Dans les premières heures du 24 novembre nous ordonnons donc à toutes les unités de faire mouvement vers le périmètre de la marmite. Chacune reçoit un secteur strictement délimité avec pour mission de le tenir. La ligne de front dessine un territoire en forme d'œuf dont le grand axe atteint les quarante kilomètres. Elle traverse les ruines de Stalingrad et enferme en son sein quelques terrains d'atterrissage indispensables à notre survie puisque le lien terrestre avec l'arrière est désormais coupé.

Hitler et Keitel auraient-ils maintenu leur interdiction de percer s'ils avaient été informés qu'il était matériellement impossible de ravitailler toute une armée par la voie des airs ? On peut en douter. S'ils demeurent inflexibles, c'est qu'ils se sont entretenus dans la nuit avec le Reichsmarshall Göring, commandant en chef de la Luftwaffe, et que celui-ci s'est porté garant de la mise en place d'un pont aérien « à la fois fiable et suffisant ».

Quant à moi, au cours d'une conversation téléphonique orageuse avec les généraux d'aviation Richthofen et Fiebig, j'ai acquis la conviction qu'un tel pont aérien est inconcevable. « Ravitailler une armée entière par voie aérienne, vous n'y songez pas !

s'est écrié Fiebig. Absolument impossible ! Nous n'aurons jamais assez d'appareils de transport, voyons ! » Ce que m'a confirmé Richthofen qui notera dans son journal de campagne, ce soir-là : « La VIe armée s'imagine qu'elle sera ravitaillée par la flotte dans son hérisson. Je m'évertue par tous les moyens à la faire revenir de ses illusions. »

Dialogue de sourds : tandis que Göring convainc Hitler que ses aviateurs sont largement capables de relever le défi, sur le terrain les mêmes aviateurs estiment l'opération complètement impossible.

Et elle l'est, malheureusement, comme le constate avec amertume Richthofen le 25 novembre au soir : « Tous nos Junkers sont partis en ravitaillement, écrit-il. Mais il ne nous en reste plus que trente. Hier, nous en avons perdu vingt-deux, et aujourd'hui neuf. Aussi n'avons-nous pu transporter que sept tonnes au lieu des trois cents ordonnées ! Que faire quand on manque d'avions de transport ? »

Beaucoup de nos avions de ravitaillement sont abattus par les Russes à l'approche de la marmite, et ceux qui parviennent à se poser sont souvent bombardés par les chasseurs soviétiques qui survolent en permanence nos terrains d'atterrissage. « Il est tout à fait improbable que la VIe armée puisse tenir le coup dans son périmètre, écrit le général Richthofen au grand quartier général, et il est donc exclu que nous puissions l'aider à maintenir sa valeur combative. »

Cependant, le 27 novembre, un changement de taille intervient : le maréchal Erich von Manstein est nommé commandant en chef du front sud en remplacement du maréchal von Bock, devenant ainsi mon supérieur direct. Considéré comme le stratège le plus avisé de la Wehrmacht, planificateur de la campagne de France durant laquelle il a su convaincre Hitler de changer ses plans pour adopter les siens, Manstein arrive avec la ferme intention de nous dégager.

Dès sa prise de fonction, il met en place avec nous une liaison quotidienne en dépêchant dans la marmite, à bord d'un petit avion Storch, son chef d'état-major, le général Schultz, ou l'un de ses commandants. C'est ainsi que nous pouvons préparer ensemble la première étape de l'offensive de dégagement baptisée *Orage d'hiver.* Manstein est parvenu à constituer une force d'attaque faite d'une division blindée amenée de France en urgence et pourvue de matériel neuf, d'une autre division blindée venue du Caucase et de petites unités prélevées ici et là. Il a confié ce détachement au général Hermann Hoth, réputé pour sa bravoure et très apprécié des soldats qui l'ont baptisé « papa Hoth ».

Il aura pour mission d'ouvrir une large brèche dans les lignes russes de façon que puisse s'engouffrer derrière lui un convoi de camions chargés de vivres, d'armement et d'essence. Aussitôt qu'il aura réussi à percer, il est entendu que les derniers chars de la

VIe armée encore en état de rouler, une soixantaine, se lanceront à sa rencontre, renforçant ainsi sa puissance de feu. Avec cette réserve, cependant, que nos chars ne pourront pas faire plus de vingt à trente kilomètres car nous n'avons pas suffisamment d'essence pour les ravitailler.

Orage d'hiver démarre le 12 décembre avant le lever du jour. Hoth espère surprendre les Russes, qui ne s'attendent pas à être attaqués à revers. En dépit d'une résistance acharnée il parvient à percer et à établir une première tête de pont à une cinquantaine de kilomètres de Stalingrad. Il est encore trop loin pour être rejoint par nos blindés, mais la seconde vague de ses chars prévoit d'élargir la brèche et nous attendons ses consignes pour nous porter à sa rencontre.

Le 19 décembre, alors que l'espoir est immense d'être de nouveau reliés aux nôtres – et de voir surgir le convoi de ravitaillement –, toute l'opération capote. Sur les rives du Don, la VIIIe armée italienne affectée à la protection de nos bases arrière vient d'être bousculée par une offensive éclair des Russes. Les blindés soviétiques menacent de s'emparer des deux grandes bases aériennes d'où s'envole le ravitaillement pour Stalingrad. Manstein ordonne aussitôt à Hoth de rebrousser chemin avec ses unités cuirassées pour se porter en défense de nos dépôts. Ainsi, quelques jours avant Noël, l'espoir d'être dégagés s'éloigne-t-il, précipitant les hommes dans un silencieux désespoir.

Faut-il se résigner au sacrifice ou tenter de nous sauver par nous-mêmes en jetant nos dernières forces contre les Russes pour ouvrir une brèche et permettre à la VIe armée de s'enfuir ? C'est le grave débat qui s'instaure alors entre Schmidt, mes généraux de corps d'armée et moi-même. Ce serait désobéir aux ordres renouvelés de tenir à tout prix en attendant une nouvelle tentative de dégagement qui nous semble très improbable compte tenu du recul de nos unités sur toute l'étendue du front. Nous savons que désobéir équivaut pour Hitler à déserter, et qu'en prenant cette décision je dois assumer le risque de passer en cour martiale et d'être fusillé. Risque éventuellement partagé par mes généraux, mais que j'accepte, pour ce qui me concerne, au nom de la survie des milliers d'hommes dont je dois répondre.

Cette question résolue, se posent les multiples problèmes d'une telle opération. Nous devons prendre en compte l'épuisement de nos soldats, dont les rations sont très insuffisantes et qui, pour nombre d'entre eux selon les secteurs, se battent nuit et jour sans abri, dans de simples trous creusés dans la neige par des températures négatives de quarante degrés. La vigueur combative de nos troupes est devenue si faible qu'il n'est pas certain qu'elles soient en mesure d'affronter un ennemi, lui parfaitement équipé et nourri, dans une offensive de cette nature. À cette question, dont nous n'avons pas la réponse, s'ajoute celle des blessés. Des centaines d'entre eux s'entassent dans nos postes de secours installés sous des tentes et dans les caves de la ville. Jusqu'à présent, nous sommes parvenus à en évacuer plus de trente mille par les avions de ravitaillement. Il est exclu d'abandonner nos blessés, mais est-il envisageable de les prendre avec nous dans une percée qui promet d'être terriblement meurtrière ? Certes, il nous reste quelques camions dans lesquels nous pourrions les convoyer, mais nous n'avons plus d'essence pour les faire rouler.

En dépit de toutes ces interrogations, je demande à mes généraux de préparer leurs hommes à cette percée en couplant systématiquement unités d'infanterie et unités cuirassées ou motorisées pour sauver le plus de vies possible. Et j'adresse à l'état-major général plusieurs demandes pressantes de ravitaillement en essence, vivres et munitions.

Nous en sommes là, en pleine expectative, quand, au lendemain de Noël – sûrement le Noël le plus angoissant qu'il m'ait été donné de partager –, je reçois la visite, dans mon abri souterrain de Gumrak, du colonel Hans-Günther van Hoovens. Il m'est envoyé par le général Erich Fellgiebel, chef du service de communication des armées, qui est un ami et dont je connais l'opposition à Hitler et au nazisme. Hoovens m'apporte un message de soutien et de sympathie de Fellgiebel dont je retiens cette phrase à la signification ambiguë : « Le général espère bien vous revoir personnellement très prochainement. » Quelques mois plus tard, Hoovens, que je retrouverai en captivité, au camp 27 de Lunjowo, m'expliquera que Fellgiebel, membre d'un groupe d'officiers supérieurs désireux de renverser Hitler, avait souhaité par cette démarche m'encourager à percer, et donc à désobéir. Dans l'esprit de Fellgiebel, mon initiative aurait donné le signal d'une révolte des commandants de la Wehrmacht contre le Führer.

J'avoue n'avoir pas compris le message sur le moment. Sans doute n'étais-je pas prêt à l'entendre, puisque ce n'est qu'après l'attentat manqué contre Hitler de juillet 1944 (dans lequel Fellgiebel fut impliqué, et pour lequel il fut par la suite condamné à mort et exécuté) que j'appellerais à mon tour à renverser Hitler. Mais je reviendrai sur ces événements dans la seconde partie de mon récit.

De mes échanges avec Manstein durant cette période, je comprends que par souci des hommes il souhaiterait que je perce, tout en estimant que nous n'en avons plus les moyens et que notre échappée pourrait être plus meurtrière encore que notre maintien sur place. Puis la situation se dégrade pour les armées du Caucase sous le commandement du même Manstein, et j'entends qu'en demeurant dans la marmite où nous « fixons » d'importantes forces russes, nous permettons aux unités du Caucase de se replier, et sauvons des milliers de vies. À partir de ce moment-là ma décision est prise : tenir nos positions aussi longtemps que possible, conformément aux ordres du grand quartier général.

« Cher Paulus, m'écrit alors Manstein, je comprends et je partage vos pensées et les soucis que vous vous faites pour le sort de votre armée. Cependant, n'oubliez pas que vos supérieurs hiérarchiques ont, de la situation, une vue plus étendue que la vôtre. Ils connaissent les nécessités qu'elle implique et assument en fonction de celles-ci leurs responsabilités. Votre devoir est d'exécuter avec toutes vos forces les ordres que vous avez reçus. Vous ne porterez pas la responsabilité de ce qui adviendra par la suite. »

Le 1er janvier 1943, Hitler m'adresse ce message à l'intention de mes soldats : « Il faut que tous les membres de la valeureuse VIe armée abordent l'année nouvelle avec la conviction absolue que leur Führer ne laissera pas en plan les héros de la Volga, et que l'Allemagne mettra toutes ses ressources à contribution pour leur venir en aide et les dégager. »

De retour du grand quartier général où il a rencontré Hitler en mon nom, le 29 décembre, l'un de mes officiers, le général Hans-Valentin Hube, nous confirme, en effet, qu'une nouvelle opération de dégagement est en préparation. Deux divisions SS motorisées et cuirassées seraient sur le point de quitter Berlin pour rejoindre Stalingrad : l'une, connue sous le nom de « Garde du corps d'Adolf Hitler » ; l'autre, sous le nom de « Das Reich » (tristement célèbre aujourd'hui pour avoir massacré la population d'Oradour-sur-Glane le 10 juin 1944). Elles seraient en mesure de nous libérer dans la seconde quinzaine du mois de février. Convaincu par les discours enflammés de Hitler, qui n'a rien perdu du pouvoir de persuasion qui a fait son succès, le général Hube va jusqu'à affirmer que cette offensive des divisions SS pourrait transformer la situation catastrophique de Stalingrad en une éclatante victoire pour l'Allemagne.

Hitler et Hube oublient simplement que nos soldats sont à bout de force et qu'il est très improbable qu'ils puissent tenir encore plusieurs jours, et que dire de plusieurs semaines, contre les forces russes.

Le 8 janvier au matin, tandis que les armes se sont soudainement tues, l'aviation soviétique lâche sur la marmite des milliers de tracts. C'est un ultimatum : il nous est demandé de cesser le combat immédiatement sous peine d'être anéantis par une offensive de très grande ampleur. Pour permettre notre reddition, le général soviétique Rokossovsky, commandant en chef du front du Don, vient d'ordonner à ses unités un cessez-le-feu. Il m'adresse dans l'après-midi une délégation, porteuse des conditions de notre capitulation, que je refuse de recevoir. Je demeure fidèle à ma décision de tenir, quoi qu'il arrive, et dans les entretiens que j'ai durant le même après-midi avec chacun de mes commandants, je n'entends pas une voix discordante. Même le général von Seydlitz, si critique à l'égard de Hitler et de Keitel, estime que notre rôle est maintenant de résister, jusqu'au dernier fantassin s'il le faut. À ce moment, nous sommes tous conscients qu'en poursuivant une résistance désespérée nous retenons à Stalingrad pas moins de six armées russes qui, si elles se trouvaient libres de leurs mouvements, ne manqueraient pas de se retourner contre nos armées du Caucase en plein repli vers l'ouest.

La grande offensive russe annoncée est lancée le 10 janvier à l'aube sur tout le périmètre de la marmite. Les orgues de Staline, l'aviation qui nous bombarde et les chars qui tirent en continu tout en avançant vers nos lignes embrasent soudain le ciel.

> Le bruit, qui ne pénétrait que faiblement dans le bunker, écrira le lieutenant et écrivain Heinrich Gerlach, emplissait toute l'étendue de l'espace : un vacarme sourd, incessant, qui semblait surgir à la fois du ciel et de la terre et faisait trembler le sol comme sous l'effet de la fièvre. À l'ouest, cependant, le ciel, encore surmonté d'un restant d'ombres nocturnes, s'était embrasé d'un rouge sanglant que des langues de feu jaunes venaient sans arrêt lécher depuis l'horizon.

L'orage d'acier immense, démesuré, ne va plus cesser. Comme cela était prévisible, le front cède d'abord à l'ouest, dans la steppe glacée où nos soldats ne bénéficient d'aucun abri. Ils se sont battus jusqu'ici avec une bravoure stupéfiante – à présent ils abandonnent les positions et reculent. Nous n'avons plus ni chars ni artillerie pour les couvrir, comment pourraient-ils résister à mains nues contre des blindés ? Les Russes s'emparent de la vallée dénudée de la Rossoschka et, le 15 janvier, de notre principal terrain d'aviation, celui de Pitomnik. Désormais, il ne nous en reste plus que deux, petits et sans aucun équipement, à proximité de la gare de Gumrak d'où je commande les opérations de défense.

Avec un admirable courage, nos avions ravitailleurs tentent de maintenir un semblant de pont aérien. Ils doivent survoler les lignes russes et, pour ceux qui ne sont pas abattus, se poser à Gumrak sur des pistes trop courtes et en tentant d'éviter les trous d'obus. Il faut alors faire vite pour décharger car les bombardiers russes, en vol circulaire au-dessus de nos positions, surveillent en permanence nos terrains pour tenter de détruire au sol nos lourds Junkers 52. Aussitôt ceux-ci vidés, nous y entassons les blessés. Ils sont évacués par ordre d'urgence – la décision appartient à un médecin que j'ai fait placer sur le terrain. À la fin des combats, nous estimerons à quarante-deux mille le nombre total de blessés évacués entre le 22 novembre 1942, premier jour du siège, et le 24 janvier 1943, date à laquelle nous avons perdu notre dernière piste d'atterrissage.

Jusqu'au 19 décembre, les hommes avaient vécu dans l'espoir d'être secourus. Tous y avaient cru, et c'était bien cette perspective qui leur avait permis de tenir, de continuer à se battre le ventre vide et dans des conditions inhumaines. Le message de Hitler, le 1er janvier, leur assurant qu'il n'abandonnerait pas la VIe armée et qu'une nouvelle opération de dégagement était en préparation, leur avait redonné un peu de vigueur. Cependant, lors de mes tournées quotidiennes sur nos lignes, j'ai pu constater un changement d'état d'esprit dans les unités. Beaucoup ne croient plus en la parole de Hitler, et ceux-là doutent aussi de la mienne. Il se murmure, me rapportent plusieurs capitaines, que j'ai manqué de courage, que j'aurais dû prendre la responsabilité de percer, contre les ordres du grand quartier général, et qu'en ne le faisant pas je me suis rendu coupable du sacrifice de mon armée. Ici et là, me dit-on, des hommes envisagent de franchir nuitamment les lignes russes, par petits groupes, pour tenter de rejoindre les nôtres. Quitte à mourir, ils préfèrent forcer le destin.

La grande offensive russe du 10 janvier emporte assurément chez mes soldats le dernier espoir d'être sauvés, de jamais revoir les leurs. Dans les jours qui suivent l'écrasement de nos lignes, des hordes d'hommes dépenaillés, misérables, les pieds emmaillotés dans de vieux chiffons bourrés de paille, refluent des différents fronts vers les ruines de Stalingrad. Ce sont des kilomètres à parcourir dans la neige, et ils avancent péniblement sous la canonnade, le plus souvent blessés et se soutenant mutuellement, portés par l'ultime espérance d'atteindre un hôpital de campagne ou un poste de secours.

Voici celui de la vallée de la Rossoschka où se réfugia l'écrivain Heinrich Gerlach :

> Il avait été conçu pour deux cents hommes maximum, il en accueillait à présent plus de six cents, écrit-il. Ces corps humains déchiquetés, mutilés, défigurés par le froid, dans lesquels subsistait encore une étincelle de vie, étaient couchés dans la pénombre de la vieille écurie, serrés comme des sardines. Et ils étaient assis dans les longues allées, chacun entre les jambes de son voisin de derrière, leurs uniformes en haillons couverts de poux, on aurait dit de la moisissure ; et quand l'un des soldats remuait, un gémissement tremblait dans les rangs. La pièce sentait la cage aux fauves, l'odeur était suffocante. Des morceaux de tourbe jouaient à brûler dans deux barriques d'essence vides, des nuages de fumée âcre s'élevaient jusqu'au plafond de planches troué en maints endroits. [...]
>
> Il y avait le chirurgien. Un grand homme maigre aux traits affaissés, qui ne dormait quasiment plus et se maintenait artificiellement éveillé à grand renfort de café et autres excitants. Penché au-dessus de la table de planches à la lumière d'une lampe à huile, il travaillait de ses mains engourdies dans des corps

incisés qui fumaient à l'instar d'une lessiveuse. Il avait coutume d'évaluer la gravité des blessures avec une objectivité laconique : « Balle dans le ventre – ça prendrait une heure ! Pas possible… pas maintenant ! » Pas maintenant, cela voulait dire jamais. Mais en une heure, on pouvait procéder à trois amputations ; on en abandonnait un pour offrir un salut problématique à trois autres.

À ce moment-là, tous nos chevaux ont été mangés, ainsi que tous les chiens et chats. Le ravitaillement pour chaque homme est devenu insignifiant – une soupe claire et une tranche de pain. Et comment en assurer une distribution équitable quand les unités se replient dans le plus grand désordre ? Un nombre incalculable de mes soldats, blessés ou non, tombent d'épuisement et meurent avant d'avoir pu atteindre les faubourgs de Stalingrad.

Le 17 janvier, après une semaine de combat, toutes nos lignes ont été enfoncées et, suivant les rapports qui nous parviennent des différents corps d'armée, nous calculons avec Schmidt que la superficie de notre marmite a diminué de moitié. C'est à cette date qu'on me signale des désertions, ou des tentatives de désertion dans la plupart des unités. Les hommes n'ont plus confiance en leurs officiers, ils n'ont plus confiance en moi ni en Hitler, et ils fuient pour rejoindre les ruines de la ville et s'y abriter dans les caves et les égouts. Aux commandants qui, en dépit des circonstances, estiment que les déserteurs doivent être traqués et fusillés, je fais valoir que de tels comportements sont devenus excusables quand notre survie à tous se compte désormais en jours.

Le 20 janvier se pose de mon point de vue la question de notre reddition. Nous avons largement fait notre devoir en retenant à Stalingrad les troupes russes, ne serait-il pas temps de capituler pour épargner les derniers survivants de la VIe armée ? Les généraux von Seydlitz et Pfeffer y sont favorables, tandis que les généraux Hube, Heitz et Strecker y sont opposés.

J'adresse alors ce message à l'état-major général :

« La capacité de combat de la troupe, en raison de la situation catastrophique du ravitaillement en vivres, en carburant et en munitions, décline dangereusement. J'ai seize mille blessés qui demeurent sans soins. À l'exception du front de la Volga, nous n'avons plus nulle part ni positions, ni abris, ni bois de chauffage. Mes soldats ont atteint les limites de la souffrance humaine. Des signes de désagrégation se font jour. Je demande de nouveau qu'une entière liberté d'action me soit donnée pour conduire à ma guise les opérations de mon armée, régler le sort de mes blessés, et éviter qu'elle ne se dissolve complètement. »

Je fais porter le même message à Hitler par mon officier de liaison, le major Zitzewitz, avec pour consigne de rencontrer d'abord le maréchal von Manstein dont l'état-major se trouve alors près de Rostov.

Manstein se déclare partisan de notre capitulation, comme je l'espérais, et me le signifie dans un message personnel écrit de sa main.

Quand Zitzewitz est introduit le lendemain dans le bureau de Hitler, celui-ci est en train d'exposer à deux généraux les qualités du nouveau char Panther V. Il se tourne alors vers mon officier de liaison pour lui expliquer que ce blindé va permettre de reprendre Stalingrad et qu'il est donc essentiel de continuer à tenir la ville jusqu'à la dernière cartouche.

« Mon Führer, lui rétorque Zitzewitz qui me fera le rapport de cette rencontre, permettez-moi de vous dire qu'il est vain de demander aux hommes de Stalingrad de se battre jusqu'à la dernière cartouche pour la bonne raison qu'ils n'ont plus de munitions et qu'ils ne sont plus physiquement en état de le faire.

— Bah ! aurait répliqué Hitler, après un instant de surprise, les hommes se régénèrent vite. »

La réponse de l'état-major général n'en est pas moins brutale – c'est un nouveau refus :

« Capitulation exclue, ordre du Führer, m'écrit le général Zeitzler. La VIe armée remplira jusqu'au bout son rôle historique. Elle permettra, grâce à sa résistance opiniâtre, la création d'un nouveau front au nord de Rostov et le repli du groupe d'armées du Caucase. »

Hitler demeure étonnamment sourd à ce que nous traversons – tandis que la VIe armée agonise dans des souffrances inimaginables, il semble croire encore en sa force combative. Le 16 janvier, en colère contre Göring qui n'a pas su nous ravitailler en dépit de ses promesses, il a nommé le maréchal d'aviation Erhard Milch « commandant des groupements de transport destinés au ravitaillement de Stalingrad ». C'est peu dire qu'il est trop tard : mes soldats meurent de faim et de froid, nous n'avons plus une goutte d'essence et nous brûlons nos dernières munitions.

Trois jours après cette nomination, je reçois la visite, dans mon abri de Gumrak, d'un messager de Milch, le commandant Thiel. Il a pour mission d'évaluer notre situation et de m'annoncer « une bonne nouvelle », selon ses termes.

« Une bonne nouvelle, commandant ?

— Oui, mon général. Nous venons de créer une nouvelle base aérienne dans la région de Rostov qui sera entièrement consacrée au ravitaillement de la VIe armée. Nous avons reçu de nouveaux avions de transport, des quadrimoteurs gigantesques, capables de porter des tonnages dix fois supérieurs à ceux de nos vieux Junkers. Cent appareils ont déjà atterri et cent autres vont suivre…

— Il est trop tard, commandant. L'aviation n'a jamais tenu ses promesses. Je vais vous dire une chose que je vous demande de répéter au maréchal Milch : vous vous adressez, aujourd'hui, à des hommes déjà morts. »

Le commandant Thiel lui-même a frôlé la mort en atterrissant. À peine posé, son appareil a été pris sous les tirs de la chasse soviétique et son mécanicien a été tué.

Voici ce qu'il écrira au maréchal Milch dans son rapport de mission qui me sera transmis :

« La piste de Gumrak n'est utilisable que de jour. Au sud de la piste, trois entonnoirs ; à son extrémité, deux autres. Dès qu'une activité quelconque se manifeste, en particulier en cas d'atterrissage d'un appareil, le terrain est aussitôt bombardé par trois U2 qui le survolent en permanence. »

Le commandant mesure donc rapidement que son optimisme est pour le moins déplacé et que jamais les « gigantesques » quadrimoteurs, des Junkers 290, ne pourront se poser dans la marmite.

Il me propose alors de procéder par parachutages et nous envisageons des emplacements dont il relève les positions pour nos pilotes. Nous sommes l'un et l'autre conscients que ce sera non seulement insuffisant en quantité, mais en qualité également puisque l'essence, qui nous permettrait de transporter les blessés pour les mettre à l'abri, ne peut être livrée de cette façon.

Puisqu'il nous est interdit de capituler, les combats se poursuivent – les Russes progressent et nos soldats continuent à mourir. Le périmètre de la marmite se réduit encore au fil des jours et de nos défaites. Le 24 janvier, des chars soviétiques surgissent sur le terrain d'aviation de Gumrak et nous déménageons précipitamment mon poste de commandement pour l'installer sur la place Rouge, au centre de la ville, au milieu des ruines.

À partir de cette date, le ravitaillement est exclusivement assuré par des parachutages puisque nous n'avons plus aucune piste d'atterrissage. Une grande partie des containers tombe aux mains de l'ennemi et ceux que nous récupérons ne représentent rien au regard de nos besoins. Sur les trois cent trente mille hommes dont j'ai pris le commandement une année plus tôt, en janvier 1942, je peux écrire aujourd'hui, grâce aux données dont je dispose, que seulement quatre-vingt-dix mille demeurent vivants (dont à peu près vingt mille sont blessés). Or, nous n'avons plus rien pour nourrir ces hommes.

La fin du pont aérien, si insuffisant et périlleux ait-il été, signifie aussi la fin de l'évacuation des blessés. Nous les avons regroupés tant bien que mal dans nos postes de secours et dans les caves de la ville où ils sont entassés dans des conditions abominables. Nous n'avons plus ni pansements ni médicaments, plus de bois pour faire du feu – les blessés meurent, abandonnés à leurs souffrances, sans soins ni nourriture.

Et dans l'incapacité où nous nous trouvons désormais d'enterrer nos morts – le sol est gelé et les hommes trop faibles pour le creuser – nous les entassons à l'extérieur. Témoin de cette inhumanité devenue notre quotidien, Heinrich Gerlach écrira à cet égard ces quelques lignes qui me ramèneront au plus noir de l'enfer quand je lirai le manuscrit de son roman en captivité :

> Une montagne de morts soigneusement empilés les uns sur les autres s'élève contre un mur. Ils ne sont vêtus que d'une chemise et d'un caleçon, certains même sont complètement nus. Les corps jaune verdâtre, entièrement gelés, sont mouchetés de taches de sang marron. Sur les visages, une expression figée d'agonie ou d'apathie.
>
> On est justement en train de décharger une nouvelle fournée de cadavres. Des soldats sont occupés à les déshabiller et à trier les pièces d'uniformes et d'équipement. L'un d'eux est agenouillé et tient à deux mains une tête qui n'est plus qu'un front avec, en dessous, une masse de chair rougeâtre, pendant qu'un autre essaie d'arracher au mort une de ses bottes de feutre.

Le 26 janvier, des colonnes russes pénètrent à l'intérieur de la marmite et coupent en deux les restes de la VIe armée. Nous avions prévu cette éventualité, aussi le général Karl Strecker prend-il le commandement des unités assiégées au nord, comme convenu, tandis que je conserve l'autorité sur celles stationnées au sud. Le front est maintenant si proche que la terre tremble sous nos pas nuit et jour. Ce jour-là, l'un de mes officiers d'état-major, le colonel Adam, et moi-même sommes d'ailleurs superficiellement blessés par des éclats d'obus.

Ce même 26 janvier, je reçois la visite du général von Seydlitz à mon poste de commandement. Il évoque une nouvelle fois la question de notre reddition et je ne peux que lui rappeler les termes du dernier télégramme de l'état-major général, cosigné par Hitler : « Capitulation exclue ».

Le lendemain, tandis que je me rends auprès des généraux Schlömer et von Daniels, qui ont installé leur PC dans les caves de la prison municipale, nous avons le même échange bref et je m'entends leur répéter que la situation exige que nous résistions jusqu'aux limites de nos forces.

« Ne les avons-nous pas atteintes, mon général ? s'étonne Schlömer.

— Le pays nous regarde, ne cédons rien. »

À la vérité, je m'accroche à mon devoir d'officier qui me commande d'obéir, d'obéir en toutes circonstances, quoi que j'en pense, mais je tremble intérieurement en songeant que par ma faute des hommes vont de nouveau mourir dans des combats que nous savons inutiles.

Le général Otto Korfes nous offre alors un exemple de ce que peut produire l'esprit de discipline chez un grand militaire : alors que la capitulation est présente dans tous les esprits, lui se lance dans une contre-attaque, à la tête de ses unités, pour reprendre aux Russes les ruines d'une caserne perdue la veille. Il y sacrifie plusieurs de ses soldats, en vain, nous en sommes tous conscients, mais il incarne ce qui nous a été ordonné par le haut commandement et pour cela il sera félicité.

La contre-offensive Korfes restera comme l'ultime acte de bravoure des nôtres à Stalingrad. Elle se déroule le 30 janvier tandis que me parvient, dans mon abri de la place Rouge, la nouvelle de mon élévation par Hitler au rang de maréchal. Quel sens donner à cet honneur ? Jusqu'ici, le Führer l'a réservé à quelques généraux vainqueurs, d'Erwin Rommel à Erich von Manstein – pourquoi l'accorde-t-il à un vaincu ?

Notre défaite est imminente et elle va survenir autour du jour anniversaire de l'accession de Hitler à la chancellerie – c'était le 30 janvier 1933. Dix années plus tôt, jour pour jour. Ainsi, la chute de Stalingrad menace-t-elle d'assombrir les célébrations et d'agir comme un mauvais présage pour les mois à venir.

Je pense à tout cela dans la fiévreuse tension de mes dernières heures à la tête de la VIe armée. Et soudain je devine ce que Hitler attend de moi à travers cette nomination : que je me donne la mort. Aucun maréchal, dans notre glorieuse histoire, ne s'est jamais livré vivant à l'ennemi – l'honneur me commande donc de me suicider. Du moins Hitler le conçoit-il ainsi. Ce serait l'aveu de mon échec, la reconnaissance de ma responsabilité devant le pays, et, si l'on ne manquerait pas de louer ma mémoire, on me ferait porter le poids de la défaite, allégeant d'autant l'implication de notre Führer dans celle-ci.

En aucun cas je ne me donnerais la mort, je veux le dire ici : l'idée du suicide m'est complètement étrangère. Je me suis marié, nous avons mis trois enfants au monde, je demeurerai vivant par amour pour les miens aussi longtemps que la vie me sera consentie. Mais avec le recul, réfléchissant à mon refus immédiat et catégorique de céder à l'injonction de Hitler, je me rappelle la colère soudaine qui m'a occupé. Elle était faite du peu de considération que j'éprouvais désormais pour un homme que j'avais servi avec zèle dix années durant. Comme si les dernières semaines à Stalingrad m'avaient ouvert les yeux sur son cynisme, pour ne pas dire sa folie.

Le lendemain, 31 janvier, les chars russes apparaissent sur la place Rouge recouverte de neige. Avec raison, nos soldats ne tentent rien pour les repousser et, un instant plus tard, je traverse la place en direction des vainqueurs, suivi par le général Schmidt et le colonel Adam. Voilà, c'est fini, nous rendons les armes, tandis que dans la zone nord le général Strecker va tenir jusqu'au lendemain. Sur la photo qui témoigne de ce moment, nous semblons surgir de catacombes, fagotés dans de longs manteaux froissés qui nous donnent l'air de clochards.

Le 1er février, Hitler apprend par un communiqué des Soviétiques que nous avons capitulé. Le texte précise que « le maréchal Paulus est blessé ».

Il convoque aussitôt le général Zeitzler pour en avoir le cœur net. La rencontre entre les deux hommes se tient à 12 h 17, elle fait l'objet d'un sténogramme qui m'a été transmis en captivité, et dont voici les termes :

« Hitler : Alors ils se sont bel et bien rendus ! Dans un pareil cas, on doit faire le hérisson jusqu'au bout et, avec la dernière cartouche, on se fait sauter la cervelle...

« Zeitzler : Je ne peux pas y croire. Je suis convaincu que le renseignement est inexact et qu'il est sans doute grièvement atteint.

« Hitler : Non. C'est sûrement exact. Et vous verrez que les Russes vont... [passage manquant]. On les emmènera à Moscou et on les confiera au Guépéou et, de là, ils enverront à la partie nord l'ordre de se rendre aussi. Le Schmidt signera tout ce qu'on voudra. L'homme qui n'a pas le courage, à ces instants-là, de prendre la seule route qu'il faudra bien, de toute façon, prendre un jour, cet homme-là n'est pas capable de résister aux sollicitations. Il verra quel martyre il endurera. Nous avons, chez nous, trop cultivé l'intelligence au détriment de la force de caractère. »

Seconde partie

L'effondrement

La stupeur du général Rokossovsky lorsque nous nous retrouvons en tête à tête.

« Qu'un homme comme vous, Paulus, ayez pu suivre un homme comme Hitler, sur le plan politique, je veux dire, voilà ce que nous ne comprendrons jamais.

— Je suis un militaire, général, je ne fais pas de politique.

— Vous n'avez donc aucune conviction, aucune éthique ?

— Si, celle du soldat, qui se résume à obéir. N'êtes-vous pas dans la même situation ? »

Il ne relève pas.

« Voulez-vous une cigarette ? dit-il après un moment. Je n'ai rien d'autre à vous offrir.

— Avec plaisir. »

J'ai connu Constantin Rokossovsky en 1931, à Berlin, alors que j'enseignais la tactique aux futurs officiers d'état-major. Parmi mes élèves se trouvaient plusieurs militaires soviétiques – nous avions alors des accords de coopération avec la Russie. Lors d'une réception à l'ambassade de l'Union des républiques socialistes soviétiques, Rokossovsky, alors commandant, ou peut-être colonel, m'avait abordé. On lui avait rapporté que mes cours étaient d'une « haute qualité » – ne serais-je pas désireux de venir pour quelques années à Moscou dispenser mon savoir ? La jeune Armée rouge avait besoin d'hommes comme moi. J'avais poliment décliné au prétexte que ce serait un trop grand bouleversement pour mes enfants, scolarisés à Baden-Baden, et qui ne parlaient pas le russe. Nous avions sympathisé cependant, et je l'avais revu à deux reprises, notamment lors de la visite en Allemagne d'une délégation de gradés russes auxquels nous avions présenté nos Panzers.

En janvier 1942, alors que je venais de prendre le commandement de la VIe armée, l'état-major soviétique avait dû apprendre que j'avais refusé d'appliquer l'ordonnance de Hitler sur les commissaires politiques, car Rokossovsky m'avait fait passer ce message : « Général Paulus, je suis heureux de constater que vous menez cette guerre indigne sans vous déshonorer. »

Il évoquait une guerre « indigne » quand Hitler, au contraire, nous rendait notre dignité à travers cette guerre. Sur le moment, j'avais souri de sa confusion, et même je m'étais plu à relever sa mauvaise foi. Dès les années 1920, la Russie n'était-elle pas allée jusqu'à nous offrir son territoire pour mener clandestinement nos manœuvres et échapper ainsi aux inspecteurs franco-britanniques ? Le traité de Versailles interdisait à l'Allemagne de se réarmer, il nous condamnait à demeurer un État croupion, et la Russie communiste était venue à notre secours : en échange de notre technologie elle nous avait permis de reconstruire une armée dans le plus grand secret. Vaincue en 1918, humiliée par les conditions de la paix, où en serait l'Allemagne aujourd'hui, avais-je songé, si Hitler n'avait pas été porté au pouvoir par le peuple en 1933 ? En 1939, la Russie s'était félicitée d'attaquer la Pologne avec nous pour récupérer une partie de son territoire ; en 1940, elle n'avait rien trouvé à redire quand nous avions occupé la Belgique et la France ; cependant, quand nous nous étions retournés contre elle, en 1941, soudain la guerre que nous menions était devenue « indigne ».

Je repense à tout cela tandis que nous fumons silencieusement en compagnie de l'interprète. Je ne suis plus l'homme de janvier 1942, plein de foi en Hitler, en notre haut commandement, et convaincu de la justesse de notre combat. Il nous fallait occuper la Russie, nous emparer du Caucase et de son pétrole pour gagner la guerre et persuader l'Angleterre de cesser les hostilités, voire de signer avec nous un traité d'alliance. Alors l'Allemagne toute-puissante régnerait sur l'Europe en paix et le communisme, pour lequel nous, militaires, partagions avec Hitler une profonde aversion, le communisme ne menacerait plus personne puisqu'il aurait cessé d'exister. Ma participation à ce plan consistait à faire sauter le verrou de Stalingrad pour ouvrir à l'Allemagne le cours de la Volga. Tout cela se tenait, avait la force de l'évidence, oui, mais qu'en restait-il une année plus tard ? Nous avions échoué, aujourd'hui nos troupes se repliaient vers l'ouest et moi j'étais le prisonnier d'un général communiste qui ne comprenait pas comment un homme *comme moi* avait pu obéir à Hitler.

Je pourrais lui rétorquer que je ne m'explique pas comment un homme comme lui, communiste de la première heure, peut obéir à un homme comme Staline. Arrêté en 1937 durant les Grandes Purges, sous prétexte d'espionnage, Rokossovsky a été torturé – abominablement torturé, il en porte les stigmates sur ses mains – pour être finalement libéré en 1940 et reprendre immédiatement un commandement. Le cynisme de Staline ne vaut-il pas celui de Hitler ? Mais je me tais parce que ses mots font douloureusement écho au doute qui s'est immiscé en moi au fil des dernières semaines à Stalingrad.

Nous nous saluons, lui retourne à son armée victorieuse, et moi je suis reconduit parmi les survivants de la mienne, peut-être quatre-vingt mille hommes dont de nombreux blessés. La plupart mourront en détention, quelques milliers seulement – on avancera le chiffre de dix mille – retrouveront les leurs en

1955 quand j'entreprendrai de relire ce manuscrit pour le confier à mon fils, Ernst-Alexander.

On me reconduit parmi mes soldats, oui, mais j'en suis désormais isolé, retenu dans un command-car d'où j'aperçois leur triste cohorte à travers une fenêtre, dans le soir qui tombe, cernée par des blindés et sous la menace de gardes dont je devine les armes. On m'a refusé le droit de leur adresser quelques mots. On m'a refusé le droit de saluer leur courage. « Que craignez-vous ? » demandé-je. Les généraux Voronov et Vassilievski, qui me font face, restent un instant silencieux.

« Qu'ils se retournent contre vous, monsieur le maréchal, dit finalement Vassilievski en me regardant fixement.

— Jamais une telle chose ne se produirait… je connais mes soldats.

— Nous les connaissons aussi. Nous en avons arrêté des dizaines qui tentaient de fuir au cours des derniers jours et ceux-là considèrent que vous les avez menés à la mort.

— Le sacrifice de la VIe armée n'a pas été vain. Et vous pouvez constater que mes officiers et moi-même l'avons partagé. »

Il y a un nouveau silence.

« À cet égard, intervient Nikolaï Voronov, nous nous interrogeons sur la clairvoyance de votre commandement suprême. Comment a-t-il pu vous abandonner, vous, un général d'armée, de surcroît maréchal ? Jamais une telle chose ne se serait produite chez nous, je peux vous l'assurer.

— Il était tout à fait exclu que j'abandonne mes unités.

— Admettons que cela vous honore. Vous noterez cependant que les sentiments sont une chose, tandis que la guerre en est une autre. Du point de vue de cette dernière, mesurez-vous le retentissement, sur l'arrière, de la prise d'un maréchal ?

— Sans doute.

— C'est pourquoi nous tenons à protéger votre vie », reprend avec un rictus, qui peut aussi bien être un sourire, Alexandre Vassilievski.

Après un long interrogatoire mené durant la nuit par trois membres du renseignement soviétique, puis quelques heures de repos, je constate le lendemain que nous autres, officiers, sommes séparés de nos soldats – nous ne les reverrons jamais, je le sais aujourd'hui.

Dans un bâtiment encore debout de cette partie de la ville que nous n'avons pas conquise, je retrouve tous les commandants survivants de la VIe armée, dont vingt et un généraux : Schmidt, Seydlitz, Heitz, Korfes, Pfeffer, Daniels... et bientôt Strecker, qui vient à son tour de capituler. Tous semblent accablés, épuisés, et comme désireux de se réfugier en eux-mêmes après ces semaines durant lesquelles ils n'ont pas pu s'accorder un instant de repos. Avec chacun d'entre eux j'échange une poignée de main et quelques mots. Nous, généraux, sommes des hommes de plus de cinquante ans, conscients d'être au seuil de nouvelles épreuves que nous allons devoir endurer loin de notre pays, désormais dans l'incapacité de combattre pour lui. Durant combien de temps, combien d'années peut-être, allons-nous être condamnés à l'impuissance et au silence ? Y survivrons-nous ? Reverrons-nous un jour les nôtres ?

Par le dernier avion qui a décollé de Gumrak j'ai pu adresser à Constance une lettre et un petit colis contenant des objets personnels qui risquaient de disparaître avec moi. Je ne lui ai pas dissimulé que notre situation était désespérée et que si je survivais à l'offensive en cours, je serais pris par les Russes, envoyé en camp, et nullement certain d'en revenir un jour.

« Ma chère femme, ai-je écrit, nous traversons de terribles heures. Stalingrad est perdue, Stalingrad pour laquelle tant de nos soldats sont tombés va nous être reprise. Cependant, sur ordre, nous allons combattre jusqu'au dernier. J'aimerais être certain que le sacrifice qui nous est demandé, et que je demande à mes soldats, est légitime. J'aimerais croire en la justesse de notre combat, comme je l'ai cru durant ces dernières années de résurrection pour l'Allemagne. Me suis-je trompé ? Me suis-je aveuglé ? J'ai le souvenir de vos réserves, elles ne m'étaient pas indifférentes, vous le savez, mais j'étais alors dans le secret des décisions et mon opinion était que j'aurais su vous convaincre si je n'avais pas été tenu au silence. Aujourd'hui, notre défaite semble vous donner raison, et je me surprends à douter. Ce sont des moments d'intense souffrance – ne suis-je pas de ceux qui ont pesé dans nos engagements militaires ? Aussi je porte une part de responsabilité dans l'envoi à la mort de millions d'hommes, qu'ils soient Allemands ou Russes. Si je me suis trompé, Constance, comment puis-je survivre à une telle faute ? »

On nous conduit à la petite gare de Rynok où l'on nous prie de nous installer dans de véritables wagons de voyageurs. Les officiers russes qui nous encadrent sont parfaitement corrects et la présence des gardes étonnamment discrète – comme s'il était entendu entre gentlemen, n'est-ce pas, qu'aucun de nous ne tentera le moindre geste pour s'enfuir.

Alors Schmidt, acerbe :

« Voyez ces communistes… Peut-être s'imaginent-ils que nous partageons quoi que ce soit avec eux !

— Ne vous moquez pas, Schmidt, ce sont de grands soldats. »

Son regard bleu métallique, glacé, comme s'il avait toujours su que nous n'étions pas du même bois.

On m'enferme seul dans un compartiment – je ne m'en plains pas, j'aspire au silence, à la solitude – avec deux jeunes soldats qui ont manifestement l'ordre de ne pas me perdre un instant du regard.

Craignent-ils que je leur échappe ? Que je me suicide ? Quelques semaines plus tard, on me rapportera que Staline, ayant été sollicité pour m'échanger contre son fils aîné, Iakov, lieutenant dans l'infanterie et prisonnier en Allemagne, aurait sèchement décliné la proposition en répliquant qu'il n'allait sûrement pas « se défaire d'un maréchal pour récupérer un simple lieutenant ».

Nous roulons vers le nord, je vois cela au pâle soleil qui perce subrepticement. Une journée, puis une deuxième, puis une troisième, entrecoupées d'interminables arrêts au milieu de la blancheur immaculée. Comme la guerre me semble loin, soudain ! Je m'en fais la réflexion en me surprenant à chercher malgré moi le feulement des lance-roquettes, le grondement sourd des bombardiers, le sifflement des obus… Mais non, la terre ne tremble plus, le téléphone a cessé de sonner, plus aucun commandant n'attend de moi que je lui ordonne de tenir, que je le supplie de tenir sous un déluge de feu.

Et parce que je peux de nouveau me laisser aller à rêver, je me revois vingt-cinq ans plus tôt dans le train pour Baden-Baden, rentrant de Roumanie. Constance et notre petite Olga devraient être à la gare. Nous avons perdu la guerre sur tous les fronts, tant en France qu'à Bucarest et devant Belgrade, et je m'interroge sur ce que va devenir l'Allemagne. « Grâce à Dieu, vous êtes vivant ! » m'a écrit Constance. Son frère Efrem est mort, lui, nous sommes en deuil, je suis capitaine d'une armée défaite, l'empereur Guillaume II a été contraint d'abdiquer, une prétendue République lui a succédé, présidée, dit-on, par un ouvrier bourrelier, un certain Ebert, Friedrich Ebert, et dans toutes les villes les gens manifestent… Jamais la situation n'a été aussi dramatique et cependant je me sens plein de force et d'optimisme – j'ai vingt-huit ans, je suis attendu par une femme dont l'amour et la grâce me bouleversent, nous avons maintenant trois enfants, dont deux que je ne connais pas encore, Friedrich et Ernst-Alexander, venus au monde en avril 1918 quand j'étais sur le front roumain, je ne laisserai personne nous condamner au malheur.

Je me rappelle avoir écrit cette dernière phrase sur un petit papier, en jeune homme consciencieux, résolu – « je ne laisserai personne… », pour ne pas l'oublier, n'est-ce pas, pour la dire à l'oreille de Constance à l'instant où je l'étreindrai. Mais voilà qu'une pensée me traverse tandis que nous roulons dans l'immense plaine russe, vers une destination inconnue où cette fois Constance ne m'attendra pas : et si par aveuglement j'avais laissé Hitler « nous condamner au malheur » ? Et si je n'avais pas su discerner le prédateur fou derrière le prétendu messie ? Enivré par sa parole, par son patriotisme qui flattait le mien. Ébloui par la résurrection de notre armée puis par la fulgurance de nos victoires. Mais non, si je suis aveuglé, c'est par mon malheur présent

– Stalingrad est perdue, je suis prisonnier de l'ennemi, mais la guerre n'a pas dit son dernier mot. Il y a un an, on nous prétendait défaits à Kharkov, et cependant dès le printemps les Russes avaient dû se replier. Nous les avions écrasés, repoussés jusqu'à la Volga. Nos soldats sont bien supérieurs aux leurs, nous avons de meilleurs avions, de meilleurs blindés, et on parle de l'arrivée prochaine d'armes nouvelles qui pourraient se révéler décisives. Non, Hitler n'est pas synonyme de malheur, il est un génie comme jamais l'Histoire n'en a connu. Et un génie n'a-t-il pas forcément une part de folie ? Il se pourrait que d'ici quelques mois, libéré par les nôtres, je retrouve un commandement. Je ne dois pas me laisser gagner par le défaitisme – qui aurait parié, en 1918, sur le redressement de l'Allemagne ? Pourtant, dix-huit ans plus tard, Berlin accueillait les Jeux olympiques et le monde entier rendait hommage à notre Führer.

Constance et Olga m'attendaient bien à la gare. Ma petite fille de quatre ans, que je n'avais pas vue grandir, dans les bras d'une gouvernante. Ma femme, à la fois lumineuse et retenue au milieu de cette cohue, comme si sa confiance en elle-même et en l'avenir la protégeait de cet immense désordre. « Par bonheur, vous voilà ! avait-elle soufflé, me tendant une main que j'avais gardée un instant dans la mienne avant de la porter à mes lèvres. Partons vite, mon ami, la voiture nous attend, vous devez être épuisé. »

Nous étions en décembre 1918. Pour quelques jours, j'avais été un père comme les autres, souriant des efforts de nos jumeaux pour se mettre debout et des chansons qu'apprenait notre petite Olga en prévision de la soirée de Noël, accompagnée au piano par la professeure qu'avait eue Constance, une dame âgée au cœur sec, m'avait-il semblé. Nos soirées, nos précieuses soirées, nous les avions passées en tête à tête, à l'exception d'une seule où Constance m'avait annoncé la venue d'un jeune lieutenant, Ernst Jünger, qui avait connu Efrem sur le front français. Il lui avait adressé un mot de condoléances et c'est elle qui l'avait prié de passer, la guerre finie. Jünger ne m'était pas inconnu, son nom avait circulé dans les états-majors après qu'il eut reçu la croix Pour le Mérite dans les dernières semaines du conflit, car jamais dans notre histoire militaire un fantassin de seulement vingt-trois ans n'avait obtenu cette distinction, la plus haute, jusqu'ici réservée à des généraux d'exception et, plus récemment, à certains as de l'aviation, tels Hermann Göring ou encore Manfred von Richthofen, abattu dans la Somme en 1918 après quatre-vingts victoires homologuées (un cousin du général d'aviation Wolfram von Richthofen engagé à Stalingrad).

Bien que souffrant encore des suites d'une énième blessure, Jünger nous était apparu étonnamment exalté au regard de la défaite et des sombres années qu'elle nous laissait présager. Après nous avoir parlé d'Efrem avec sensibilité et chaleur – il s'était trouvé sous son commandement durant plusieurs mois en 1916 –, il avait quitté le registre de l'intimité, des confidences, pour évoquer les liens de camaraderie dans les tranchées et, bientôt, s'enflammer au souvenir de l'ivresse qui saisissait les hommes au moment de l'assaut. Insensiblement, et comme s'il revivait sous nos yeux la clameur des poitrines sous le fracas de l'artillerie, les « Hourra ! », les « En avant ! », il était devenu un autre, visiblement bouleversé. « Voyez-vous, avait-il soufflé à la fin, au paroxysme de l'émotion, sans la guerre, sans cette immense volonté de destruction qui embrasait alors nos cerveaux, je n'aurais jamais connu ce sentiment de puissance qui permet de s'extraire de soi-même pour défier la mort. » Et alors, sans ciller, ses yeux s'étaient noyés de larmes.

« Mon Dieu !... », avait laissé échapper Constance.

Il y avait eu un long silence durant lequel il nous avait paru confus de s'être livré si complètement. Puis, comme pour se faire pardonner, il nous avait indiqué qu'il mettait la dernière main à un roman sur la guerre dont le titre serait *Le Rouge et le Gris*, en référence à Stendhal, ou peut-être *Orages d'acier*, il hésitait encore, et dont l'écriture l'avait hanté nuit et jour, durant ces derniers mois, sur son lit d'hôpital.

Alors nous avions abordé la situation dans le pays – lui craignait, comme nous, une prise du pouvoir par les communistes à la faveur de l'instabilité qui régnait à la tête de l'État depuis le départ de l'empereur. Il avait découvert Maurice Barrès durant la guerre (que ni Constance ni moi n'avions lu) et c'est paradoxalement cet auteur français, chantre du « poilu » et du mythe de Verdun, qui avait fait de lui un nationaliste allemand.

La rencontre de ce jeune homme incandescent nous avait fait toucher du doigt à quel point nous vivions désormais sur un volcan. Qu'allait devenir cette jeunesse héroïque, grandie dans le culte du sacrifice, et néanmoins défaite, humiliée ? Jünger avait laissé à Constance « un sentiment d'effroi » – elle avait été soulagée, m'avait-elle dit, de le voir partir. Quant à moi j'avais aimé ce garçon, sans pour autant partager sa fascination morbide pour le feu, ce pourquoi je m'étais très tôt tourné vers les tâches d'état-major, mais songeant qu'il pouvait aussi bien devenir un modèle pour sa génération (mes cinq années de plus que lui et mes trois enfants me donnaient le sentiment d'appartenir à celle de ses aînés) qu'une tête brûlée, une sorte de vengeur illuminé.

Dès les premiers jours de l'année 1919, j'avais dû de nouveau quitter les miens pour partir défendre nos frontières orientales contre les bolcheviques à la tête d'un détachement de corps francs, ces volontaires qui se battaient maintenant aux côtés des restes de notre armée, notre prestigieuse Reichswehr dont les unités se débandaient. Partout dans le pays, en liaison avec Moscou, les spartakistes de Rosa Luxemburg et Karl Liebknecht tentaient de faire basculer le pays dans le communisme, à l'exemple de la Russie deux années plus tôt. À Berlin, Hanovre, Munich, Dresde et dans la plupart des grandes villes, communistes et républicains s'entretuaient dans les rues. Après la mort de Luxemburg et Liebknecht, arrêtés à Berlin le 15 janvier et aussitôt liquidés, la République l'avait emporté mais, à peine élue, l'Assemblée constituante avait fui Berlin, peu sûre, pour s'installer à Weimar, paisible ville de Thuringe.

Il était revenu à cette République balbutiante la tâche humiliante, mais surtout honteuse, d'entériner le traité de Versailles qui réduisait notre grande Allemagne aux dimensions d'un État subalterne : nous perdions huit millions de nos compatriotes et un huitième de notre territoire, dont l'Alsace-Lorraine qui revenait à la France et le corridor de Dantzig à la Pologne nouvellement recréée ; nous perdions nos fleuves, désormais « internationalisés » ; la Sarre allait être occupée durant les quinze prochaines années ; sur le plan militaire, notre armée serait réduite à cent mille hommes et ne pourrait posséder ni avions, ni blindés, ni artillerie lourde ; enfin, nous allions devoir verser aux vainqueurs deux cent vingt-six milliards de marks-or au titre des réparations de guerre, ce qui laissait envisager des années de disette pour notre malheureuse nation. Aussitôt connues les clauses du traité, une tempête d'indignation avait soulevé le pays. Un « diktat honteux », dénonçait-on des monarchistes aux communistes, « paix de brigands et de voleurs », avait même lâché Lénine, ce que pour ma part j'aurais pu dire, bien que viscéralement opposé au diable de Moscou.

Entré en vigueur le 10 janvier 1920, le traité de Versailles jette à la rue trois cent mille soldats et trente mille officiers. J'ai la double chance d'être gardé dans l'armée et nommé adjoint du colonel Johannes Blaskowitz, commandant du 14e régiment d'infanterie à Constance. J'ai connu Blaskowitz en 1914-1915 dans les tranchées et une solide amitié nous lie depuis ces années. Vingt ans plus tard, général durant l'invasion de la Pologne, il sera le seul haut gradé de la Wehrmacht à faire condamner à mort des SS et des agents de la Gestapo pour des atrocités commises contre des Polonais et des Juifs (condamnations aussitôt amnistiées par Hitler qui le relèvera de son commandement). « Le sentiment des troupes envers les SS et la police oscille entre le dégoût et la haine, écrira-t-il alors, traduisant parfaitement ce que je ressentais. Chaque soldat a la nausée face à ces crimes commis en Pologne par des ressortissants du Reich et des représentants du gouvernement. »

Bien que réconforté de servir sous l'autorité d'un tel homme, j'avais cependant failli tout perdre, durant le mois de mars 1920, en adhérant au coup d'État du très monarchiste général von Lüttwitz, commandant de la place de Berlin, et de Wolfgang Kapp, le fondateur du Parti de la patrie allemande. Ces deux hommes entendaient renverser la République, qui s'était « déshonorée » en acceptant les restrictions de Versailles, pour la remplacer par un gouvernement militaire. Ma conscience m'avait dicté de les soutenir, tout en sachant que, dans le même mouvement, j'allais trahir le « devoir d'obéissance » qui me liait au gouvernement sorti des urnes. Le putsch avait échoué, la République avait été sauvée, non par l'armée demeurée silencieuse, mais par une grève générale qui avait mis le peuple dans la rue à l'appel des syndicats, des communistes et des socialistes. Après quelques jours d'une violente agitation ponctuée de bagarres, Lüttwitz et Kapp s'étaient enfuis à l'étranger, l'ordre avait été rétabli et Blaskowitz m'avait amicalement rappelé qu'un soldat n'avait pas à se mêler de politique – une leçon que je n'oublierais pas.

Après trois jours de voyage, le train s'immobilise au milieu de la nuit et j'entends que l'on s'agite autour de nous. La porte de mon compartiment est déverrouillée, on nous fait descendre et prendre place dans des camions qui patientaient à proximité des voies. Nous roulons peut-être une heure ou deux sur des routes enneigées et finissons par entrer dans ce qui me semble être un camp fortifié. Je devine dans l'obscurité un mur d'enceinte, des sentinelles et des barbelés, puis des maisons de bois comme on en trouve dans tous les villages de Russie. Je suis invité à entrer dans l'une d'elles, bientôt rejoint par le général Schmidt et le colonel Adam, comme si les Russes tenaient à recomposer sous ce toit le haut commandement de Stalingrad.

À la lueur d'une bougie, un colonel russe désigne une chambre à chacun d'entre nous. Celle dans laquelle je me retrouve est meublée d'un véritable lit comme je n'en ai plus connu depuis des mois, d'un bureau sur lequel on a pris soin de disposer un bougeoir, d'une armoire et d'un tapis. Je suis prisonnier, et cependant ma porte n'est pas fermée à clé.

Dans la pâleur du premier jour, après être resté allongé tout habillé sans trouver le sommeil, je m'approche de la fenêtre, curieux de découvrir notre lieu de détention. Sur la droite se dressent les bulbes d'une église dont le corps m'est caché par un long bâtiment austère troué de minuscules fenêtres en ogive. On a pris soin d'en dégager l'accès en rejetant la neige de part et d'autre d'une allée qui semble desservir également notre maison, comme les suivantes dont je devine les toitures sur ma gauche. Où sommes-nous ? Pourquoi nous loge-t-on dans ces confortables datchas ? Aucun indice, ici, de ces camps soviétiques dont la seule évocation suscitait l'effroi en Allemagne. Comme je demeure là, debout, le front contre la vitre embuée, trop épuisé pour réfléchir plus avant, voilà que deux ombres noires s'échappent de la longue bâtisse : des religieuses orthodoxes comme nous en avons connu à Kharkov, l'hiver précédent. Un couvent ! Ainsi nous ne sommes pas dans un camp mais dans une enceinte religieuse. Pourquoi ? Elles ont disparu sur la droite, probablement pour se rendre à l'église. À Kharkov, puis de nouveau à Kalatch, ces sœurs avaient soigné nos blessés avec un remarquable dévouement.

Deux heures plus tard, peut-être, alors que je me suis rallongé en proie à de fortes douleurs dues à la dysenterie, on frappe à ma porte. Le colonel russe aperçu dans la nuit me prie de bien vouloir le suivre. Nous rejoignons dehors Schmidt et Adam et partons en direction d'une haute bâtisse dont la façade est joliment décorée de mosaïques. Les généraux de ma VIe armée se tiennent à l'intérieur dans une grande salle faiblement chauffée, debout, silencieux, offrant un triste spectacle dans leurs uniformes défraîchis, visages creusés ombrés de barbe, certains coiffés d'une casquette, d'autres non. Flanqué d'un interprète, le colonel se présente comme le commandant du camp, il se nomme Novikov et nous explique que pour des raisons de sécurité il ne peut pas nous révéler où nous nous trouvons sur le vaste territoire de l'URSS. Il s'agit d'une forteresse située au milieu d'une zone inhabitée, ce qui rend illusoire tout projet d'évasion, voilà ce qu'il peut nous dire. L'endroit, ajoute-t-il, doit être strictement gardé secret car Hitler pourrait être tenté d'ordonner son bombardement pour nous exterminer ou, à l'inverse, de monter une opération aéroportée pour nous libérer. « Dans les deux cas, dit-il, vos vies seraient mises en danger, or notre première préoccupation est de prendre soin de vous. »

« Ben voyons... », siffle tout bas Schmidt, tandis que le général Heitz manifeste aussitôt sa colère :

« Pourquoi prendriez-vous soin d'officiers ennemis, colonel, ne sommes-nous plus en guerre ? »

Interrompu, le Russe écoute la traduction sans ciller, mais ne relève pas et poursuit. Il nous indique qu'ici nous serons traités avec humanité, conformément à l'« éthique communiste ». Certains trouvent la force de sourire et si je ne me sentais pas aussi affaibli sans doute sourirais-je également – nous avons tous en mémoire les crimes commis par Staline. Ce bâtiment-ci, nous précise le colonel, sera réservé aux repas, qui nous seront servis trois fois par jour. À l'intérieur du camp, nous trouverons également une bibliothèque, des lieux pour nous adonner à la peinture, à la musique, au théâtre ou encore à la sculpture pour ceux que ces activités intéressent. Pour les catholiques, un prêtre célébrera la messe et se tiendra à leur disposition. Enfin, nous sommes autorisés à porter l'uniforme ainsi que nos décorations (les religieuses assureront le nettoyage de nos effets) et des affaires de toilette vont nous être incessamment distribuées.

Si nous doutions de la bienveillance des Russes à notre égard, elle nous est confirmée deux jours plus tard quand une épidémie de typhus se déclare à l'intérieur du « camp ». Beaucoup d'entre nous sont arrivés porteurs de la maladie, dont certains des symptômes – diarrhées et vomissements – se confondent avec ceux de la dysenterie dont nous souffrons tous plus ou moins depuis des mois. Pris d'une violente fièvre, je figure parmi les premiers malades diagnostiqués à l'infirmerie. Le typhus peut tuer en quelques jours et le colonel Novikov mesure immédiatement la gravité de la situation : dans les heures qui suivent la première alerte de nouveaux médecins apparaissent dans l'enceinte. Pas un d'entre nous ne mourra du typhus quand des milliers de nos soldats y ont succombé dans les sinistres caves de Stalingrad.

Témoin de l'attention et du dévouement de ces médecins soviétiques, je me rappelle avoir songé que Staline tenait décidément beaucoup à nous et m'être demandé pourquoi. La réponse allait m'apparaître petit à petit, dans les semaines qui suivirent la fin de l'épidémie.

Nous avons la liberté d'aller et venir dans ce lieu que l'autorité militaire soviétique nomme « camp 160 » tandis que les religieuses parlent entre elles du « *monastyr'* ». Nous sommes bien dans un monastère, ce qui n'était pas difficile à deviner, un monastère situé à proximité de la commune de Souzdal, près de Moscou, apprendrons-nous bientôt, et dont tous les lieux nous sont ouverts, en effet, du réfectoire à la bibliothèque – c'est dire si nous sommes traités en hôtes d'exception plutôt qu'en prisonniers de guerre.

Un matin, on nous annonce que des journalistes soviétiques vont venir à notre rencontre. Le colonel nous indique qu'ils ont été autorisés à nous photographier – étant sous-entendu que nous ne sommes pas autorisés à refuser (« hôtes d'exception, mais néanmoins détenus », relève justement Schmidt avec son habituelle sagacité). Nous sommes également priés de répondre à leurs questions, à l'exception de deux d'entre nous, Schmidt et moi-même, qui ne sommes pas autorisés à nous exprimer. « Les journalistes ont interdiction de vous interroger, nous précise le colonel, et je suis tout à fait certain qu'ils respecteront cette disposition. »

À Dresde, en République démocratique d'Allemagne où j'habite aujourd'hui, douze ans après ces événements, j'ai sous les yeux quelques-unes de ces photos publiées dans la presse soviétique au printemps 1943. Schmidt et moi y apparaissons devant notre datcha, lui tendu et inflexible, aussi proprement sanglé que possible dans sa tenue de *Generalleutnant*, croix de fer au col, fixant l'objectif avec cette morgue superbe qui était sa marque, moi une tête de plus que lui, coiffée d'une chapka de l'Armée rouge, voûté, très amaigri, le regard vide. L'un ne lâchera rien, il nous haïra jusqu'au bout, l'autre a déjà renoncé – voilà ce qu'ont dû penser les lecteurs russes, et plus particulièrement les officiers du renseignement soviétique qui arrivent au camp quelques jours après le départ des journalistes.

Ils sont trois, ils parlent parfaitement notre langue, ont des visages avenants et engagent la conversation avec ceux qui le souhaitent sous un prétexte quelconque – soit parce qu'on autorise l'un d'entre eux à prendre place en face de soi au réfectoire, soit parce qu'on se retrouve côte à côte à la bibliothèque, soit encore parce qu'on fume une cigarette sur le même banc.

Ils ne se cachent pas de vouloir nous « retourner », et c'est sans doute pourquoi nous sommes nombreux à leur faire bon accueil, certains par défi, ou par jeu, d'autres, dont je suis, par souci d'échanger des points de vue et de s'informer. Les tergiversations du haut commandement à Stalingrad durant les dernières semaines, son aveuglement, son inhumanité aussi, ont profondément ébranlé ma confiance en Hitler. Si je me convaincs à certains moments qu'il demeure un génie, à d'autres je suis saisi d'effroi en mesurant l'ampleur des guerres que nous avons engagées en Europe, le nombre de morts et de vies détruites dont nous portons la responsabilité, et cela au nom d'une « paix allemande » qui semble s'éloigner au fil des mois.

Le jeune commandant Madiarov, Nikolaï Madiarov, originaire de Kazan, a étudié la philosophie à l'université de Munich. C'est sur cette information que s'engage notre dialogue, au réfectoire, autour d'une tasse de café. L'officier est manifestement désireux de me parler de ses années à Munich dont il conserve un souvenir éblouissant. Bien que je ne connaisse pas cette ville, je suis heureux d'entendre évoquer mon pays en termes aussi chaleureux. Puis me revient en mémoire que le mari de ma fille Olga, Achim, un temps dans la VIe armée, par bonheur affecté sur le front centre peu avant l'encerclement de Stalingrad, a également étudié la philosophie à Munich.

« Il y a, là-bas, un professeur formidable, dis-je, dont j'ai malheureusement oublié le nom.

— Kurt Huber.

— Exactement ! Il se trouve que mon gendre...

— Savez-vous, monsieur le maréchal, que cet homme exceptionnel, qui fut mon professeur, vient d'être arrêté ?

— Prisonnier de guerre, voulez-vous dire ?

— Non, arrêté à Munich, par votre police.

— Eh bien... Mais sous quel motif ?

— Appartenance à un groupe terroriste.

— Est-il communiste ?

— Non, membre d'un réseau de résistance – de résistance au nazisme, à Hitler.

— J'ignorais qu'il existât de tels réseaux... Comment l'avez-vous appris ?

— Nous sommes très attentifs aux mouvements d'opposition en Allemagne. Les communistes n'existent plus, ils ont tous été arrêtés et la plupart sont probablement morts aujourd'hui. Mais des groupes de résistants commencent à se manifester ici ou là. Le nom de “Rose blanche” vous évoque-t-il quelque chose ?

— Rien.

— Kurt Huber est membre de ce réseau. À l'origine, ce sont des étudiants catholiques qui l'ont créé, Hans et Sophie Scholl, et un troisième, Christoph Probst. »

Il marque un silence, sans cesser de me fixer.

« Ces trois-là viennent d'être condamnés à mort et guillotinés », ajoute-t-il.

Puis il revient à ses années munichoises et son visage s'illumine aussitôt, comme si tout cela n'était qu'anecdotique. Là-bas, il a également connu Bertolt Brecht et assisté durant l'hiver 1930 à une représentation de *L'Opéra de quat'sous*. Ai-je eu le loisir de voir cet opéra ? Avant l'arrivée de Hitler au pouvoir, bien entendu, car ensuite Brecht a dû s'enfuir et ses livres ont été brûlés. Comme ceux de Karl Marx, de Friedrich Engels, de Thomas Mann, de Maxime Gorki ou encore de Stefan Zweig, et même d'Erich Maria Remarque… Mais peut-être ai-je lu certains de ces textes, non ? Tandis que je fais silencieusement non de la tête, j'aimerais revenir à Kurt Huber, à ce prétendu réseau de résistance, à ces étudiants prétendument « guillotinés ». Depuis quand donnerions-nous la mort de cette façon atroce ? Qu'y a-t-il de vrai là-dedans ? J'aimerais revenir en arrière, oui, mais l'officier russe ne me laisse pas le temps de respirer, je me fie à son sourire et l'instant d'après il… il m'assomme d'une nouvelle abominable. Malgré tout, le nom de ce Brecht me dit vaguement quelque chose, ah voilà, oui, Constance avait vu l'une de ses pièces et ne l'avait pas aimée.

« Je vous vois pensif, monsieur le maréchal… Pardonnez-moi, je parle trop. Maintenant je dois vous laisser mais, si vous le souhaitez, nous reprendrons cette conversation un autre jour.

— Eh bien…

— C'est un plaisir de bavarder avec vous. »

Cette nuit-là, certains détails me reviennent. La pièce de ce Brecht, qui avait ulcéré Constance, a pour titre *Grandeur et Décadence de la ville de*… je ne retrouve pas le nom de ladite ville, mais réentends clairement les mots de ma femme – « Affreusement vulgaire, mon ami, vous n'avez rien raté ». L'œuvre avait été donnée en 1929 ou 1930 au théâtre de Baden-Baden. Oui, voilà, à ce moment-là j'étais en garnison à Stuttgart, de sorte que j'aurais parfaitement pu la voir car nous passions les week-ends ensemble – Stuttgart et Baden-Baden sont voisines. J'avais quitté mon commandement auprès de Blaskowitz en 1922 pour intégrer le ministère de la Reichswehr à Berlin et participer à la reconstitution clandestine d'un Grand État-major, en violation du traité de Versailles. Après un passage au *Reichswehr gruppen kommando* de Kassel, également créé en violation des clauses de Versailles, j'avais rejoint le commandement de l'infanterie à Stuttgart. Je me sens épuisé mais ma mémoire ne fonctionne pas si mal finalement.

Bien avant l'arrivée de Hitler au pouvoir, nous tous, officiers, participions secrètement à la renaissance d'une armée allemande digne de ce nom. Nous étions portés par cette ambition pour effacer l'humiliation de la défaite, mais qu'imaginions-nous ensuite ? Repartir en guerre ? Sans doute, oui, même si nous nous gardions de le formuler, me dis-je, incapable de trouver le sommeil après le trouble qu'a éveillé en moi cette pseudo-conversation avec le jeune commandant russe. L'homme qui était à l'origine de cette nouvelle armée, le général Hans von Seeckt, notre commandant en chef, travaillait bien dans la perspective d'une nouvelle guerre, je l'avais compris en découvrant l'alliance qu'il avait nouée avec la Russie soviétique. Dès la reprise des hostilités, il semblait entendu que nous nous partagerions la Pologne, c'était l'accord conclu entre Trotski et Seeckt, ainsi retrouverions-nous à l'est nos frontières d'avant la défaite. Et, en attendant, la Russie nous ouvrait son espace pour nous permettre de nous entraîner au combat à l'abri des inspecteurs franco-britanniques, en échange de quoi nous lui fournissions des moteurs pour ses blindés… et du savoir. Du savoir militaire.

À partir de l'automne 1931, j'étais devenu l'un des acteurs de cette alliance clandestine puisqu'on m'avait rappelé à Berlin pour me confier la formation des futurs officiers d'état-major, aussi bien russes qu'allemands. C'est dans ce cadre que j'avais rencontré Rokossovsky, comme je l'ai déjà évoqué.

C'était tout de même étrange, cette alliance clandestine avec la Russie. Étrange et contre-nature : au sein de la nouvelle Reichswehr la détestation des communistes ne souffrait aucune exception à ma connaissance. Aussi, une fois la Pologne dépecée, me semblait-il évident que nous nous retournerions contre les Soviétiques. Ils voulaient notre mort et nous voulions la leur, de sorte, me disais-je, que nous aurions tout intérêt à attaquer les premiers.

Je me remémorais ces troubles années quand soudain m'est revenu le souvenir du déjeuner avec Jünger, au printemps 1932. La publication d'*Orages d'acier*, suivi de *La Guerre notre mère*, avait fait du jeune lieutenant qui avait effrayé Constance l'une des rares figures héroïques de notre malheureuse Allemagne. Je n'avais pas revu Jünger depuis notre soirée autour de la mort d'Efrem, et voilà qu'il nous honorait de sa présence. J'avais organisé ce repas au ministère de la Reichswehr, à Berlin, pour évoquer la situation de notre armée avec trois amis que nous avions en commun, les futurs généraux Halder, Fellgiebel et von Stülpnagel. Bien qu'affecté dans la réserve à sa demande, Jünger soutenait ardemment la renaissance clandestine de nos forces par un patriotisme revendiqué. Nous étions tous les cinq sur la même ligne, quand le nom d'Adolf Hitler avait surgi dans la conversation. Il venait d'être battu à l'élection présidentielle, mais il avait malgré tout recueilli 39 % des suffrages contre 49 % au maréchal von Hindenburg. Était-il envisageable qu'il arrive un jour au pouvoir ? À ma grande surprise, Jünger l'avait souhaité, et à ma plus grande surprise encore les trois autres avaient abondé. Ils avaient écouté Hitler attentivement et il était à leurs yeux le seul capable de nous débarrasser du traité de Versailles, le seul capable de tenir tête à la coalition franco-britannique et de ressusciter l'Allemagne. Au contraire d'eux, et sans doute influencé par Constance, je n'avais pas de Hitler une image bien glorieuse – un agitateur parmi d'autres dans la décennie précédente, qui avait même fait de la prison avant de se retrouver à la tête du Parti national-socialiste. Qu'un tel homme, sorti simple soldat de la guerre de 14-18, puis chômeur et pilier de brasserie, se soit trouvé en position de disputer le pouvoir au grand Hindenburg m'était apparu comme une énième incongruité due aux désordres de la défaite. J'allais donc exprimer mes réserves, quand Jünger m'avait coupé l'herbe sous le pied en nous annonçant que le seul intellectuel bolchevique dont la voix portait encore en Allemagne, Ernst Niekisch, s'apprêtait à publier un livre au titre sans ambiguïté : *Hitler, une fatalité allemande*. Je ne pouvais pas m'aligner sur les positions de Niekisch auquel j'aurais refusé de serrer la main, aussi avais-je choisi de me taire. Bien qu'en désaccord avec lui, Jünger s'était dit son ami, et même il ne nous avait pas caché qu'il écrivait volontiers dans le journal communiste de Niekisch.

« Quel homme êtes-vous donc, s'était étonné Halder, pour soutenir à la fois Hitler et Niekisch ?

— Les deux se présentent comme de grands patriotes, avait rétorqué tranquillement Jünger. Je suis respectueux des idées de Niekisch, et tout à fait certain de son honnêteté. Quant à Hitler, j'aime sa foi, sa force de conviction, mais je ne le connais pas. J'aimerais pouvoir dire : que le meilleur gagne. Aujourd'hui, cependant, je vous avoue préférer l'Allemagne que nous promet Hitler à celle de mon ami Niekisch. Mais qu'en sera-t-il demain ? »

Comme nous semblions perplexes, Stülpnagel avait lâché avec une sorte de ravissement :

« Jünger est un esprit libre. Nous, militaires, avons besoin d'un tel homme. »

Au réveil – car j'ai fini par m'endormir – je m'entends répéter mentalement le titre de Niekisch : *Hitler, une fatalité allemande*. Est-ce que je n'ai pas, certains jours, pensé une telle chose à Stalingrad ? Cependant, dix ans plus tôt, en 1932, quand le livre était paru, je n'avais pas même eu la curiosité d'aller le feuilleter en librairie. Certainement pas ! Je m'en serais voulu de lire une seule ligne de cet agitateur bolchevique. Qu'est-ce que je lisais à l'époque ? Le dernier livre du général Ludendorff, *Ma carrière militaire me laisse le souvenir de notre fière armée*, les *Mémoires de guerre* du maréchal von Hindenburg, les *Mémoires* du général Wrangel, commandant de l'armée blanche en Russie, ceux de Napoléon Ier également, et des traités de stratégie militaire en quantité. Il est certain que je n'avais pas la liberté d'esprit de Jünger – et soudain je devine ce qu'avait voulu dire Stülpnagel. Et je veux lire le texte de Niekisch. J'ai même si hâte de le lire qu'à peine bu mon café je me précipite à la bibliothèque dans l'espoir de l'y trouver.

« Cherchez-vous un titre particulier, monsieur le maréchal ? »

Où donc était caché le jeune commandant Madiarov ? J'étais certain d'être seul à cette heure, il m'a surpris.

« Non… non…

— Comme je vous voyais entre les lettres *M* et *N*, j'ai pensé un instant que vous vouliez peut-être relire Marx.

— Je vous avoue que je ne l'ai jamais lu.

— Eh bien je ne saurais trop vous le conseiller. »

Et voilà qu'il me remet *Das Kapital*.

Douze ans plus tard, corrigeant le présent texte et l'enrichissant dans ma maison de Dresde, je découvrirai dans la presse soviétique du printemps 1943 une photo de moi plongé dans la lecture du *Capital*. J'y figure assis sur un banc au soleil, dans un parc du monastère, avec cette légende : « Prisonnier des nôtres, le maréchal Paulus a reconnu ses erreurs. » Alors je repenserai à mes conversations avec Madiarov, à notre amitié naissante, à son habileté aussi – avait-il introduit un journaliste dans le camp ou pris lui-même cette photo ? Elle avait dû être transmise au haut commandement à Berlin, à tous nos journaux, me valoir les sarcasmes de Hitler, peut-être même une condamnation à mort, et être aussitôt traquée par la Gestapo pour être détruite sur ordre de Goebbels. Tant d'années après, la manipulation me fera sourire quand elle aurait pu, sur le moment, rompre ma relation avec Madiarov.

« Quand vous aurez un moment, me dit-il, passez me voir. J'aimerais vous montrer certains documents. »

J'acquiesce, et comme il s'en va, je reviens à Niekisch. Mais le livre est absent des rayons.

Dans l'après-midi, je me rends chez Madiarov. Lui et ses deux confrères sont logés dans une maison semblable à la nôtre, derrière l'église orthodoxe. Son bureau est également sa chambre à coucher – une table, deux fauteuils, un lit étroit. Il m'accueille avec le sourire et nous verse du thé.

« Tenez, dit-il, lisez. C'est le texte qui a valu à trois de vos jeunes compatriotes d'être guillotinés. Ils l'ont distribué dans l'enceinte de l'université de Munich avant d'être arrêtés. »

> Étudiants ! Étudiantes !
>
> La défaite de Stalingrad a jeté notre peuple dans la stupeur. La vie de trois cent mille Allemands, voilà ce qu'a coûté la stratégie géniale de ce soldat de deuxième classe promu général des armées. Führer, nous te remercions !

Le seul mot de « Stalingrad » éveille en moi une telle émotion que je dois dissimuler le tremblement de ma main.

Je crains de n'avoir pas la force de lire jusqu'au bout, alors mes yeux sautent d'un paragraphe à l'autre pour accrocher une phrase ici ou là :

> Par le choix du Führer, un choix comme on n'en pouvait faire de plus diabolique et de plus borné à la fois, des hommes sont devenus des criminels sans Dieu, sans honte, sans conscience ; il en a fait sa suite aveugle et stupide.
>
> L'effusion de sang qu'ils ont répandue dans l'Europe, au nom de l'honneur allemand, a ouvert les yeux même au plus sot. La honte pèsera pour toujours sur l'Allemagne, si la jeunesse ne s'insurge pas enfin pour écraser ses bourreaux et bâtir une nouvelle Europe spirituelle.
>
> Étudiants, étudiantes ! Le peuple allemand a les yeux fixés sur nous ! Il attend de nous comme en 1813, le renversement de Napoléon, en 1943, celui de la terreur nazie.
>
> Bérézina et Stalingrad flambent à l'est, les morts de Stalingrad nous implorent !

« Pardonnez-moi, dis-je en me levant pour dissimuler mon trouble, mais ce n'est pas daté, pas signé... Qui me prouve...

— Tenez, voilà un portrait des signataires. »

Et il me tend un exemplaire du *Völkischer Beobachter* sur lequel figure une photo de trois jeunes gens dans l'enceinte d'un tribunal avec cette seule légende : « Condamnés à mort pour haute trahison. » En médaillon, je reconnais la triste figure du juge Roland Freisler, président du *Volksgerichtshof*, le Tribunal du peuple.

« Bien, bien, dis-je, auriez-vous l'amabilité de me laisser tout cela ? Pour quelques jours, n'est-ce pas. J'ai besoin...

— Naturellement. Et prenez ces autres tracts que nous avons pu nous procurer à Munich. Tous sont issus du même réseau. »

Revenu dans ma chambre, je scrute les visages de ces trois jeunes. Exécutés le 22 février 1943, quelques semaines plus tôt. Il est écrit qu'ils ont eu la tête tranchée à la hache. Sophie Scholl étudiait la philosophie, elle avait vingt et un ans. Son frère, Hans, et Christoph Probst étaient en médecine. Ils avaient servi plusieurs mois comme infirmiers sur le front russe. Il est dit que Hans Scholl était né en 1918, aussi pensé-je immédiatement à mes fils, tous les deux capitaines dans la Wehrmacht. Le même âge exactement. Qu'est-ce qui a pu éveiller la conscience de celui-ci quand les miens servent Hitler sans broncher, comme je l'ai servi moi-même ?

Il me semble que je me fissure à l'intérieur, que mon cœur pourrait se rompre tant je suis agité, plein de fièvre, assis là, devant cette table de travail. J'ai le souvenir de ma fierté, au début de janvier 1942, quand me fut confié le commandement de la VIe armée. Alors je ne doutais pas de la justesse de notre combat. Et c'était il y a quinze mois seulement ! Faut-il être vaincu par les armes pour accéder à la lucidité ? Eux trois n'ont pas eu besoin d'être faits prisonniers pour ouvrir les yeux – « des hommes sont devenus des criminels », écrivent-ils, « la honte pèsera pour toujours sur l'Allemagne ». Sommes-nous vraiment devenus des criminels ? C'est une jeune fille de vingt et un ans qui le dit, encore une enfant, quand j'en ai cinquante-trois et n'ai rien vu venir. La honte pèsera-t-elle pour toujours sur l'Allemagne ? Alors me revient la consternation de Constance, dix années plus tôt, quand Hitler avait accédé à la chancellerie : « Vous me demandez mon avis ? Eh bien je vais vous le donner : je crois qu'il n'y a rien à attendre de ce fanatique inculte et vulgaire. » « Aux allures de souteneur », avait-elle ajouté, ce qui avait diminué la portée de son jugement à mes yeux car un homme honnête et de grande valeur peut être parfois desservi par son physique. La consternation de Constance, oui, que je m'étais empressé d'oublier.

Mon regard tombe sur un autre tract, et cette phrase en caractères gras :

> Depuis la mainmise sur la Pologne, 300 000 Juifs de ce pays ont été abattus comme des bêtes. C'est là le crime le plus abominable perpétré contre la dignité humaine.
>
> Pourquoi tant de citoyens restent-ils indifférents ?

J'étais en Pologne en septembre 1939, fraîchement promu général, et alors chef d'état-major de la Xe armée commandée par Reichenau. Qui se fichait bien des Juifs, comme des populations civiles en général. Qui ne pensait qu'à la victoire, quand Blaskowitz, à la tête de la VIIIe armée, en Pologne également, prenait le temps de faire condamner à mort les SS qu'il avait surpris en train d'assassiner des Juifs d'une balle dans la nuque et de brûler des villages. J'avais admiré Blaskowitz mais continué à seconder silencieusement Reichenau, avant tout soucieux d'accomplir mon devoir. Mais mon devoir n'aurait-il pas été aussi d'ouvrir les yeux sur ce qui se passait à l'arrière de nos troupes ? Pour les SS, pour les Einsatzgruppen, nous savions, on nous rapportait des scènes épouvantables. Nous savions, même si nous n'étions pas directement témoins.

Notre aveuglement, notre indifférence coupable, oui, mais au nom de la reconquête des territoires perdus, du redressement de l'Allemagne, puis de la victoire totale – cette victoire qui n'avait pas cessé de nous échapper. Pour elle, dès l'arrivée de Hitler au pouvoir, nous nous étions tus devant les premiers signes de la tyrannie.

Comme nous avions été silencieux, mon Dieu !

Silencieux et faibles.

Hitler était devenu chancelier le 30 janvier 1933, or, dès le 1er février, un décret était paru supprimant la liberté de critiquer le régime, aussi bien dans les journaux que dans la rue. Des Sturmabteilung, le service d'ordre des nazis, avaient fait irruption dans les rédactions – un groupe d'entre eux avait même violemment chassé de la radio le pasteur Dietrich Bonhoeffer, en pleine allocution, parce qu'il avait osé exprimer des réserves à l'égard du nouveau chancelier.

Si j'avais personnellement déploré que le pasteur fût désormais réduit au silence, nous avions été nombreux à nous féliciter que le parti communiste soit interdit en Allemagne après l'incendie du Reichstag survenu le 27 février. Certes, le pyromane était un bolchevique, c'est ce qui avait été dit, mais comment avions-nous pu nous réjouir que quatre mille de ses camarades soient jetés en prison sans jugement, simplement parce qu'ils étaient communistes ?

Le boycottage des magasins juifs, organisé par Joseph Goebbels, le nouveau ministre de la Propagande, du 1er au 3 avril de cette même année 1933, avec le concours de la SA, nous avait embarrassés – d'ailleurs

Constance avait eu à cœur de ne pas le respecter en se rendant chez son chapelier juif en compagnie d'Olga –, bien que nous n'y ayons pas attaché plus d'importance puisque ces mêmes commerçants avaient tout de même pu poursuivre leur activité.

Avec le recul, je ne me pardonne pas plus notre indifférence à l'autodafé, également voulu par Goebbels, qui s'était déroulé dans la nuit du 10 au 11 mai à travers tout le pays. Les jeunes avaient été appelés à débarrasser leurs bibliothèques d'œuvres qui ne correspondaient plus au nouvel « esprit allemand » en organisant de grands « bûchers de l'intelligence » au cœur des villes. Comme me l'avait justement dit Madiarov, de nombreux auteurs, qui allaient bientôt fuir l'Allemagne, avaient vu leurs livres détruits.

Et nous nous étions tus.

Je sais bien pourquoi, au fond. Nous avions la promesse de Hitler qu'il nous offrirait ce que nous avions vainement espéré de la république de Weimar. Le 4 avril, deux mois seulement après son arrivée à la chancellerie, il avait tenu parole. Ce jour-là avait été créé le Conseil de défense du Reich, doté d'un financement considérable et qui serait chargé de réarmer l'Allemagne en violation absolue du traité de Versailles. L'homme que Jünger et nos amis communs considéraient comme le seul capable de tenir tête aux Franco-Britanniques n'avait donc pas déçu ses ardents soutiens. Désormais, l'armée lui demeurerait fidèle, quoi qu'il dise et fasse. Le 4 avril, n'est-ce pas, précisément au lendemain du boycottage des commerçants juifs, comme un marché qui ne dit pas son nom – je vous donne ce que vous voulez mais vous me laissez martyriser les Juifs comme je l'entends.

Alors, en effet, nous avions tout accepté de lui : la suppression des partis politiques à l'exception du seul parti nazi, la suppression des syndicats et du droit de grève, la création du Tribunal du peuple pour condamner les opposants, l'ouverture des premiers « camps de concentration » pour les y faire disparaître, et même le massacre de la SA, cette armée hétéroclite constituée de têtes brûlées et de voyous sans laquelle jamais Hitler ne serait arrivé au pouvoir mais qui représentait assurément un danger pour le pays.

À la tête de plus de deux millions d'hommes (quand la Reichswehr en comptait alors dix fois moins), Ernst Röhm menaçait de renverser le nouveau chancelier, ce qui aurait précipité le pays dans le chaos. Dans la nuit du 30 juin au 1er juillet 1934, en l'espace de quelques heures seulement, les SS avaient donc assassiné tous les commandants de la SA, dont Röhm, bien entendu, souvent dans leur sommeil, parfois après un bref interrogatoire. Le chiffre de deux cents morts avait été avancé. Un crime d'État. Et pourtant, là encore, nous nous étions tus.

Un mois plus tard, le 2 août, nous avions appris la mort du président de la République, l'illustre maréchal von Hindenburg. Il avait dû se résoudre à nommer chancelier celui qu'il surnommait en privé le « caporal bohémien » – or voilà que sa disparition ouvrait une voie royale audit caporal (simple soldat à la fin de la guerre 14-18 en réalité, comme je l'ai déjà mentionné). Le jour même avait été promulguée une loi fusionnant les charges de chancelier et de président de la République. Aux termes de ce texte, plébiscité le 19 août par trente-huit millions d'entre nous (90 % des électeurs !), Hitler était devenu le seul maître de l'Allemagne sous l'appellation nouvelle de « Führer et chancelier du Reich ».

À ce titre, il avait été promu chef de l'armée nouvelle – bientôt rebaptisée Wehrmacht – qui gagnait chaque jour en puissance et, pour asseoir sa légitimité, il avait eu l'idée d'instituer dans nos rangs le « serment de fidélité ». Tout officier devait désormais s'engager sur son honneur à lui obéir et le servir. C'était avec empressement que nous lui avions juré fidélité – n'était-il pas l'homme qui nous avait sauvés des ténèbres ?

Pendant quelques jours je remâche silencieusement ces événements. Ils ne comptaient pas pour grand-chose dans le feu du redressement – notre fierté lorsque furent annoncés coup sur coup, au début de l'année 1935, la création de la Luftwaffe et le rétablissement du service militaire ! –, mais comme ils m'apparaissent aujourd'hui annonciateurs des malheurs que nous traversons. Et indignes ! Plus que tout, c'est cette indignité qui me pèse. Comment avais-je pu prêter serment d'obéissance et de fidélité à un homme qui avait fait assassiner ses compagnons, qui humiliait les Juifs, terrorisait ses opposants et ordonnait de brûler des livres ? En réponse aux vives protestations de la France et du Royaume-Uni à l'annonce du retour de la conscription, Hitler avait prononcé un discours sur la paix et nous avions souri de son habileté. Nous savions qu'il mentait, qu'il trichait, mais nous l'avions accepté parce que cela servait nos intérêts – comme si la fin justifiait les moyens. Insensiblement, il avait fait de nous ses complices.

Oh, comme ce mot de « complice », qui me vient soudain tandis que je marche fébrilement sur la petite place du monastère, est humiliant. Moi, complice de cet homme. Un assassin, un tricheur. Oui, mais ma fierté lorsque nous avions vaincu la France en quelques jours seulement. Alors je n'avais à l'esprit que le mot de « génie ». Il effaçait tout le reste de son éclat. Hitler était alors à mes yeux le plus éblouissant des chefs de guerre – avec lui nous allions dominer le monde et imposer la paix.

Madiarov me salue aimablement, mais je l'évite. De la même façon, j'évite d'ajouter ma voix aux discussions qui surgissent entre mes ex-commandants. J'ai pu constater que certains parlaient volontiers avec les officiers russes, tandis que d'autres s'en tenaient éloignés. Cela a fini par créer deux groupes dont la ligne de partage coïncide avec celle qui séparait, à Stalingrad, les tenants de l'obéissance de ceux qui me demandaient d'ordonner la retraite en violation des ordres. Ici les généraux Schmidt, Heitz, Strecker et autres, là en particulier les généraux von Seydlitz, Korfes, von Daniels. Le même clivage était apparu autour du 20 janvier quand il avait fallu décider si nous continuions à nous battre jusqu'au dernier, conformément aux ordres, ou si nous capitulions. Le groupe de Schmidt appelait au sacrifice total, tandis que celui de Seydlitz poussait à la reddition. Mon sens du devoir m'avait fait choisir la position de Schmidt et du haut commandement contre celle de Seydlitz. Que déciderais-je aujourd'hui dans la même situation ? La question me permet de toucher du doigt combien j'ai changé au gré de mes réflexions et de mes nuits sans sommeil. Il me semble que je serais parfaitement capable d'ordonner la retraite, aussi bien que la reddition, de *désobéir* en un mot. Est-ce l'effet de mon détachement de l'armée et de ses codes sacrés, après quatre mois de captivité, ou la conséquence de l'érosion de mon respect pour Hitler ?

En tout cas je me tais, jusqu'à cet après-midi de juin où les trois officiers soviétiques nous prient de les rejoindre à la bibliothèque pour une « réunion d'information ».

C'est une belle journée de printemps, les religieuses ont dû voiler les hautes fenêtres pour protéger les livres du soleil. Elles ont poussé les tables et disposé une trentaine de chaises face à une estrade où se tiennent les trois Russes, debout. Arrivé parmi les premiers, j'ai pris place au dernier rang et répondu au sourire de Madiarov par un hochement de tête. Les généraux se présentent par groupes de deux ou trois, les conversations s'interrompent, on se salue discrètement. Les tenues ne sont plus très fraîches, certains ne portent qu'une chemise, mais les visages, soigneusement rasés, se sont remplis. Nul ne pourra prétendre que nous avons été maltraités.

L'objet de la réunion est de revenir sur la question du serment de loyauté que nous avons prêté à Hitler. L'officier qui parle, le commandant Petrovitch, s'est manifestement heurté à cet obstacle lors de conversations avec certains d'entre nous, aussi tient-il à nous expliquer que les Russes distinguent le peuple allemand de la « clique de Hitler ». L'expression suscite une certaine agitation perceptible au grincement des chaises sur le plancher.

« Le jour approche, explique l'officier sans s'y arrêter, où la guerre sera perdue pour l'Allemagne. Alors Hitler devra rendre des comptes pour les crimes commis sur notre sol. Ce n'est pas le peuple allemand qui a décidé d'agresser l'Union soviétique, ce n'est pas non plus le peuple allemand qui a massacré nos populations et brûlé nos villages. De la même façon, nous distinguons les criminels nazis de la SS et des Einsatzgruppen de la Wehrmacht dont vous portez l'uniforme. Si certains d'entre vous ont couvert des crimes, ils seront jugés. La question pour nous, aujourd'hui, est de vous offrir la possibilité de désavouer, et dénoncer, un régime criminel qui vous a entraînés dans une guerre indigne. Certains d'entre vous...

— Commandant, l'interrompt alors Schmidt dont la nuque se tend soudain trois rangs devant moi, nous ne sommes plus des enfants. Tout ce bavardage autour de l'innocence du peuple allemand n'est que de la basse propagande. Je peux vous assurer que le peuple allemand est derrière son Führer depuis le premier jour, comme nous-mêmes, généraux de la Wehrmacht, et que nous le demeurerons jusqu'à la victoire finale. »

Puis il se tait, et tandis que l'officier russe semble chercher ses mots, je prends la parole, poussé par le désir de me libérer du poids de mes réflexions.

« De fait, nous ne sommes plus des enfants, général Schmidt, dis-je doucement, et c'est bien pourquoi nous devrions réfléchir aux conséquences des différentes guerres que nous avons menées sous l'autorité de Hitler et en tirer les enseignements.

— Pour moi, maréchal Paulus, reprend-il en se levant et se retournant pour me faire face, c'est tout réfléchi : j'ai prêté serment de fidélité à Hitler et je ne renierai pas cet engagement. Pardonnez-moi de devoir vous le dire aussi abruptement et en dépit du profond respect que j'ai pour vous. »

Après cela, il me tourne le dos et se rassoit.

Alors le général von Seydlitz :

« Permettez-moi, Schmidt : votre loyauté vous honore mais elle est mal placée, me semble-t-il. Ce n'est pas à Hitler que nous avons prêté serment de loyauté, mais au peuple allemand.

— Non, Seydlitz, bondit Heitz, je ne peux pas vous laisser dire cela. Chacun d'entre nous a juré obéissance et loyauté à Hitler, et à lui seul. »

Un léger brouhaha s'élève de l'assistance.

Puis Seydlitz se lève pour se tourner vers Heitz :

« Général, diriez-vous que nos camarades tombés à Stalingrad sont morts pour Hitler ? Non, mon cher Heitz, ce serait faire injure à leur mémoire que d'énoncer une chose pareille. Nos camarades sont morts pour l'Allemagne, pour le peuple allemand, cela ne souffre aucun doute à mes yeux.

— Seydlitz n'a pas tort, reprends-je, en me levant à mon tour. Le drame de Stalingrad doit nous conduire à reconsidérer le serment que nous avons prêté. Nous nous sommes pliés aux ordres de Hitler, nous avions foi en lui, et où cela nous a-t-il menés ? Où Hitler a-t-il conduit le peuple allemand ? Aux bombardements que subissent aujourd'hui nos villes, à la défaite sur le front russe, et bientôt, je le crains, à la défaite sur tous les autres fronts et peut-être à l'anéantissement de notre pays. Depuis les dernières semaines à Stalingrad j'ai été amené à revenir silencieusement sur mes décisions. Ai-je bien fait d'obéir ? N'aurais-je pas dû *désobéir* pour sauver nos soldats, comme certains d'entre vous me l'ont demandé ? La question ne cesse plus de me préoccuper. Elle a instillé en moi le doute sur les décisions du haut commandement et, petit à petit, ce doute a gagné tous les événements des dernières années. Nous tous, ici, avons vécu la défaite de 1918 comme une injustice. "Un coup de poignard dans le dos de nos dirigeants politiques", pour reprendre l'expression du général Ludendorff. Nous étions lieutenants ou capitaines, nous avions vu mourir nos camarades, et qu'avions-nous gagné à l'issue de ces quatre années de guerre : des millions d'enfants orphelins de père, un pays diminué, endetté, humilié. Un pays sans lendemain. N'était-il pas simplement humain d'espérer l'apparition d'un homme providentiel ? Il a surgi des désordres de la République, plébiscité par le peuple allemand et adoubé par le maréchal von Hindenburg. Nous avons cru en cet homme, Adolf Hitler, qui promettait de laver l'affront de la défaite et, portés par ses promesses, nous avons tout accepté de lui – même l'inacceptable, je veux le dire ici. J'entends bien que nous lui avons prêté serment de fidélité, mais pour qui nous battons-nous depuis septembre 1939 ? Pour qui nos soldats meurent-ils ?

Pour Hitler ou pour le peuple allemand ? Pour le peuple allemand, bien entendu, je rejoins à cet égard le général von Seydlitz. Demain, c'est au peuple allemand que nous devrons rendre des comptes, seul son avenir doit désormais occuper nos pensées. »

Comme je me rassois, conscient d'avoir pu semer le trouble mais aussi soulagé de m'être livré, le général Schmidt se lève et quitte sa place pour aller se figer devant les officiers russes et s'adresser à nous.

« Le maréchal Paulus, commence-t-il, encourt la peine de mort pour les propos qu'il vient de tenir. Ce sont les considérations d'un homme qui ne croit plus en la victoire de l'Allemagne et s'apprête à trahir. Pour ma part, je ne céderai pas à la propagande communiste et je refuse d'entendre un mot de plus. *Heil Hitler !* »

Beaucoup se lèvent pour sortir derrière lui et nous ne restons qu'une poignée, dont Seydlitz, bien sûr, Korfes, Daniels et, à ma surprise, le colonel Adam qui partage notre maison et que je pensais proche des positions de Schmidt.

« Bien, dit Petrovitch, nous reprendrons cette discussion si les circonstances le permettent. Je vous remercie. »

La rupture avec Schmidt m'atteint si profondément que je reste seul dans la pièce, prostré, jusqu'à une heure avancée de la soirée. Comment a-t-il pu parler de trahison et de peine de mort ? Je pensais que nous étions tous secrètement conscients de la responsabilité de Hitler dans l'anéantissement de la VIe armée et, de la sorte, prêts à engager une réflexion sur la question de l'obéissance, du « devoir d'obéissance ». Au-delà, et plus confusément sans doute, j'avais espéré que nous parviendrions à évoquer le spectre de la défaite qui me semblait désormais inévitable. Avais-je cédé au pessimisme, à la tristesse qui m'habitait ? En tout cas, je m'étais trompé : beaucoup d'entre nous continuaient de croire en Hitler.

Les jours suivants sont difficiles à vivre dans l'enceinte du monastère. Notre échange avec Schmidt a radicalisé les positions – on ne s'adresse plus la parole d'un groupe à l'autre. Lui me salue mais se détourne aussitôt.

C'est pourquoi j'accueille avec soulagement l'annonce de notre déplacement, au milieu de cet été 1943 : nous allons quitter Souzdal pour être répartis dans d'autres lieux de détention.

En août, nous nous retrouvons à quelques-uns au camp 27 de Lunjowo. Les Soviétiques semblent avoir pris acte de la rupture intervenue entre nous : la plupart des « hitlériens » ont disparu – au jour où je termine ce texte je n'ai pas revu Schmidt et n'ai reçu aucune nouvelle de lui – et désormais je suis essentiellement en présence des « renégats », pour reprendre le terme employé par le général Heitz, même si curieusement Strecker est avec nous. Peut-être les Russes escomptent-ils que l'amitié qui nous lie le fera changer de position.

C'est ici, à Lunjowo, que j'entreprends la rédaction de cet ouvrage, dans le plus grand désordre puisque m'intéresse d'abord la recension de mes manquements, en d'autres termes des preuves de mon aveuglement. Je n'écrirai qu'à la toute fin la première partie, consacrée à la bataille de Stalingrad et intitulée « Le devoir d'obéissance ».

Nous sommes parfaitement bien traités dans ce nouveau camp, je n'ai aucune obligation et bénéficie d'une maison particulière, de sorte que je peux consacrer mon temps à l'écriture.

Plus que tous les événements déjà évoqués, les horreurs commises dans la nuit du 9 au 10 novembre 1938 auraient dû éveiller ma conscience. Cette fois, il ne s'agit plus de simples manœuvres d'intimidation contre les Juifs, mais d'arrestations et d'assassinats. On parle de plus de trente mille Juifs brutalement raflés et envoyés dans des camps de concentration. On dit qu'une centaine d'entre eux ont été abattus – parce qu'ils résistaient ? – et que des milliers d'autres ont été abandonnés en sang sur les trottoirs. Dans la même nuit, des synagogues ont été incendiées et des magasins juifs pillés et saccagés à travers tout le pays.

Et de nouveau le nom de Goebbels est mis en avant. Il aurait monté cette opération avec le chef de la police de sûreté, Reinhard Heydrich, un de ces sinistres SS, pour venger l'assassinat par un jeune Juif d'un conseiller d'ambassade à Paris.

Il se trouve que Constance, Olga et moi séjournions à Paris quand eut lieu cet étrange « fait divers », comme le qualifièrent d'abord les journaux français. Il y était écrit qu'un certain Herschel Grynszpan, dix-sept ans, s'était rendu à l'ambassade d'Allemagne, rue de Lille, pour tirer plusieurs coups de feu sur le conseiller Ernst vom Rath (qui devait mourir deux jours plus tard). Le lendemain, les mêmes journaux donnaient une explication à cette agression, retranscrivant ce qu'en avait dit le jeune Herschel à la police française. S'il avait tiré sur ce « sale boche », c'était parce que Hitler avait ordonné l'expulsion de tous les Juifs polonais qui vivaient en Allemagne. Ils avaient été enfermés dans des wagons et reconduits à la frontière. Mais arrivés là, ils avaient été refoulés par les gardes polonais, de sorte qu'ils survivaient depuis plusieurs jours dans le no man's land entre les deux pays, sans abri ni nourriture, dans le froid et sous la pluie. À présent, une épidémie de typhus les menaçait. Or, parmi ces malheureux se trouvaient les parents et les frères et sœurs de Herschel Grynszpan.

Le jeune garçon avait donc voulu venger les siens en commettant cet acte désespéré. Voilà ce que l'on comprenait.

Chez nous, les journaux avaient évoqué « le lâche assassinat commis par le Juif Grynszpan dans l'enceinte de l'ambassade d'Allemagne », mais sans rien expliquer des motivations du jeune homme. En échangeant nos points de vue avec Constance, de retour à Baden-Baden, il nous était apparu que Hitler avait, de toute évidence, pris prétexte de ce drame pour ordonner l'arrestation en masse de familles juives durant cette épouvantable nuit du 9 au 10 novembre. Nous savions, depuis le boycottage des commerces juifs, que les nazis nourrissaient un fort ressentiment à l'égard de cette communauté. Ils n'étaient pas les seuls, l'antisémitisme se rencontrait partout en Europe : en France, des partis politiques appelaient à « chasser les Juifs » et des manifestations avaient eu lieu contre « le Juif Blum » à son arrivée au pouvoir ; en Pologne, on établissait des quotas de Juifs dans les universités et les entreprises ; en Roumanie, patrie de Constance, il leur était interdit de posséder le moindre arpent de terre – ils avaient obtenu la nationalité roumaine en 1920, sur pression de Clemenceau, mais ils ne prendraient pas racine sur le sol national, etc.

Étions-nous en présence d'un pogrom ? L'événement était-il annonciateur d'autres coups portés à la communauté juive ? Comme soucieux de ne pas dramatiser les faits, les journaux nazis évoquaient avec dérision les « quelques déprédations » survenues durant ce qu'ils nommaient la « nuit de cristal », en référence aux milliers de vitrines brisées dont les éclats scintillaient sur les trottoirs de nos villes. Constance était abasourdie par l'absence de réaction des Allemands à ce déchaînement meurtrier.

« Pourquoi Hitler ne recommencerait-il pas puisque personne ne bouge ? »

Je n'avais que su répondre.

Alors elle avait ouvert *Mein Kampf*, qu'elle avait pris la peine d'acheter après le boycottage, me répétant, tout en feuilletant le livre : « Vous n'avez aucune idée de la haine de cet homme à l'égard des Juifs… Vous n'avez aucune idée… Tenez, écoutez je vous prie ».

Et elle s'était mise à lire, debout, adossée à la bibliothèque :

> Qu'on se représente les ravages que la contamination par le sang juif cause quotidiennement dans notre race et que l'on réfléchisse que cet empoisonnement du sang ne pourra être guéri que dans des siècles, ou jamais, de façon à ce que notre peuple en soit indemne ; qu'on réfléchisse, en outre, que cette décomposition de la race diminue, souvent même anéantit les qualités aryennes de notre peuple allemand, si bien que l'on voit décroître de plus en plus la puissance dont nous étions doués comme nation dépositaire de la civilisation et que nous courons le danger de tomber, au moins dans nos grandes villes, au niveau où se trouve aujourd'hui l'Italie du Sud. Cette contamination pestilentielle de notre sang, que ne savent pas voir des centaines de milliers de

> nos concitoyens, est pratiquée aujourd'hui systématiquement par les Juifs. Systématiquement, ces parasites aux cheveux noirs, qui vivent aux dépens de notre peuple, souillent nos jeunes filles inexpérimentées et causent ainsi des ravages que rien en ce monde ne pourra plus compenser.

Elle avait levé les yeux sur moi, et comme je me taisais, hermétique à ces considérations raciales, mais avant tout surpris, je crois, par la lourdeur du style, elle avait ajouté : « Ce passage encore, si vous voulez bien. »

Et elle s'était remise à lire :

> Si l'on avait, au début et au cours de la guerre, tenu une seule fois douze ou quinze mille de ces Hébreux corrupteurs du peuple sous les gaz empoisonnés que des centaines de milliers de nos meilleurs travailleurs allemands de toute origine et de toutes professions ont dû endurer sur le front, le sacrifice de millions d'hommes n'eût pas été vain. Au contraire, si l'on s'était débarrassé à temps de ces quelque douze mille coquins, on aurait peut-être sauvé l'existence d'un million de bons et braves Allemands pleins d'avenir.

Après un silence durant lequel nous nous étions fixés, elle avait refermé l'ouvrage, l'avait replacé dans la bibliothèque avant de venir s'asseoir près de moi.

« Vous avez entendu, n'est-ce pas ?

— J'ai entendu, oui.

— Il exprime le regret que ces hommes, qu'il nomme "Hébreux corrupteurs du peuple", ne soient pas morts par les gaz en 14-18.

— J'ose espérer qu'il regrette d'avoir écrit de telles absurdités.

— Vous êtes bien naïf, mon ami. Ce ne sont pas des "absurdités" mais des appels déguisés à tuer. À tuer les Juifs. Nous nous demandions si cette affreuse nuit annonçait d'autres événements de même nature. Eh bien c'est écrit, non ? Hitler a tout écrit il y a quinze ans dans sa prison de Landsberg, mais personne n'a pris la peine de le lire. »

Durant la fin de ces années 1930, nous autres, officiers, devons concilier les deux visages de Hitler. D'un côté la face sombre de l'agitateur nazi, prescripteur de basses besognes qui nous font secrètement horreur ; de l'autre, la flamboyance du Führer, du chancelier du Reich qui restaure sous nos yeux la grandeur de l'Allemagne. Durant cette année 1938 qui s'achève par la « nuit de cristal », Hitler n'a-t-il pas réussi à s'emparer coup sur coup de l'Autriche puis des Sudètes, cette partie de la Tchécoslovaquie germanophone, sans faire couler une goutte de sang ? En signant les accords de Munich, la France et le Royaume-Uni ne se sont-ils pas inclinés devant son génie ?

Nous aussi, militaires, nous inclinons, car nous avons constaté à quelle allure le « caporal bohémien » a compris la nécessité de remplacer l'antique cavalerie par l'arme blindée. Cela annonce une révolution dans l'armée à laquelle s'opposent certains vieux maréchaux, or non seulement Hitler y est ouvert mais il saisit immédiatement que les unités blindées seront l'avenir. Colonel en 1936, je suis aux premières loges pour mener cette révolution puisque j'ai été nommé chef d'état-major du général Oswald Lutz, chargé de la mise sur pied des premiers régiments cuirassés. Je remplace à ce poste le colonel Guderian, ardent avocat de l'arme blindée, futur héros de la percée fulgurante de Sedan, à la tête de ses chars, au début de la campagne de France.

Ce sont des années enthousiasmantes où je me lie d'amitié avec ceux que je retrouverai sur les différents théâtres d'opérations, promus entre-temps généraux et maréchaux, comme Walter von Reichenau, Erich von Manstein, Carl-Heinrich von Stülpnagel, Franz Halder, Erich Fellgiebel, Ferdinand Heim, Johannes Blaskowitz. Nous œuvrons tous ensemble à la création de la nouvelle Wehrmacht, et c'est une tâche exaltante qui nous détourne assurément des basses œuvres d'un Goebbels, d'un Himmler ou d'un Heydrich pour lesquels nous n'avons que mépris. D'ailleurs, aucun d'entre nous, à ma connaissance, n'est membre du parti nazi – à l'exception peut-être de Reichenau, si soucieux de sa carrière.

Malgré tout, je me souviens m'être ouvert à Blaskowitz de mon trouble, quelques jours après la « nuit de cristal », marqué par l'émotion de Constance et la stupidité criminelle des propos de Hitler dans *Mein Kampf.* J'étais curieux d'entendre Blaskowitz, figure tutélaire à mes yeux du fait de son âge – une dizaine d'années de plus que moi – mais surtout de son indépendance d'esprit et de l'aura de respect qui l'entourait.

« Mon cher Paulus, m'avait-il très vite interrompu, je préfère ne pas en entendre plus. Vous me demandez mon sentiment, je vais vous le donner et nous n'en parlerons plus : Hitler et les siens sont des gens dépourvus de principes, des voyous sans foi ni loi. La seule chose que nous devons considérer est que Hitler a été élu par le peuple allemand. Vous et moi sommes soldats, les soldats n'ont pas à s'immiscer dans les choix politiques du peuple, ils sont là pour obéir à l'homme sorti des urnes. Quoi que nous pensions de Hitler, nous sommes tenus de le servir. »

Non sans en souffrir, ai-je envie d'ajouter à la relecture de ce texte bien des années plus tard, puisque finalement Johannes Blaskowitz, l'homme qui aura fait condamner à mort des SS pour crimes de guerre, se suicidera en 1948 à Nuremberg, durant son procès, alors qu'il allait être acquitté. Sous le poids de la honte d'avoir servi Hitler ? de l'humiliation d'être soupçonné de « crimes de guerre », comme nous l'avons tous été ? On ne le saura jamais, puisqu'il n'a laissé aucune explication à son geste.

Si le corps des officiers se tait après la « nuit de cristal », Ernst Jünger, figure mythique du héros de 14-18, rompt avec Hitler. Il le fait à sa manière, à travers un livre qu'il nous adresse à Baden-Baden peu avant sa parution, et sans dédicace – pour ne pas nous compromettre, je le devinerai dès les premières pages. *Sur les falaises de marbre* est un conte intemporel dont l'action se déroule dans un pays imaginaire qui voit ressurgir la barbarie. Impossible de ne pas deviner Hitler derrière le personnage du « Grand Forestier ».

> Un nuage de crainte précédait le Grand Forestier, écrit Jünger. Ce ne furent d'abord que des rumeurs à la manière dont habituellement s'annonce une peste qui sévit dans des ports lointains. Puis se répandirent des nouvelles qui parlaient d'attentats et de violences commis non loin de nous, enfin ces actions mêmes se produisirent ouvertement en plein jour.

Et un peu plus loin :

> Tous ces crimes qui soulevaient le pays et criaient justice, c'est à peine s'ils trouvaient encore des vengeurs, et l'on en venait même à ne plus oser en parler qu'à voix basse, tant éclatait aux yeux de tous la faiblesse où se trouvait le droit vis-à-vis de l'anarchie.

Enfin cette phrase, qui m'avait fait me lever, en proie à un profond malaise :

> C'était là justement un trait magistral du Grand Forestier : il administrait la frayeur par doses légères, qu'il augmentait peu à peu, et dont le but était de paralyser la force de résistance.

N'était-ce pas exactement ce que craignait Constance – qu'après la « nuit de cristal » d'autres crimes surviennent, de plus en plus effrayants, et propres à nous paralyser ?

Je m'attends que le livre soit interdit et son auteur jeté en prison. On me rapporte que Goebbels est furieux – il a pris Jünger en grippe après que celui-ci a refusé de participer à ses opérations de propagande – et cependant le roman est en librairie et il ne se passe rien. L'explication survient deux semaines après sa parution, lors de la conférence des *Reichsleiter*, les gouverneurs du Reich. L'un d'entre eux, Philipp Bouhler, par ailleurs chef de la chancellerie, intervient publiquement pour demander l'arrêt de ce scandale – « Mon Führer, s'écrie-t-il, il faut s'occuper de ce Jünger, ça ne peut pas continuer comme ça ! » Hitler feint d'acquiescer, passe à autre chose, mais il aurait ensuite convoqué Bouhler pour lui ordonner de se calmer – « On ne touche pas à Jünger, c'est un héros, vingt fois blessé, porteur de la croix Pour le Mérite. Foutez-lui la paix ! »

Tous les héros ne sont pas traités avec autant d'égards. Ainsi le pasteur Martin Niemöller, ancien commandant de sous-marins en 14-18, décoré de la croix de fer, fervent soutien de Hitler à ses débuts, comme le fut Jünger, est-il arrêté pour avoir protesté contre la persécution des Juifs et envoyé au camp de Sachsenhausen, avant d'être transféré à celui de Dachau, dont il ne sera libéré qu'en 1945 par les Alliés. Arrêté pour les mêmes raisons, le pasteur Bonhoeffer sera, lui, exécuté par pendaison au camp de Flossenbürg.

On doit à Martin Niemöller un texte qui me précipitera dans une méditation douloureuse lorsque je le découvrirai, en 1955 :

> Quand les nazis sont venus chercher les communistes, je n'ai rien dit, je n'étais pas communiste.
>
> Quand ils sont venus chercher les syndicalistes, je n'ai rien dit, je n'étais pas syndicaliste.
>
> Quand ils sont venus chercher les Juifs, je n'ai rien dit, je n'étais pas Juif.
>
> Quand ils sont venus me chercher, il ne restait plus personne pour protester.

Durant l'automne 1943, les événements se précipitent au camp de Lunjowo. Tandis que je garde le silence et passe l'essentiel de mes journées à écrire, Seydlitz, Daniels, Hoovens, Adam et beaucoup d'autres fondent le *Bund Deutscher Offiziere*, l'Association des officiers allemands, en liaison avec des communistes allemands qui ont trouvé refuge en Russie au début des persécutions.

Singulière alliance que celle de hauts gradés de la Wehrmacht avec des militants communistes qu'ils n'ont rien fait pour défendre dans les années 1930 – quand ils ne se sont pas félicités de leur disparition, comme je l'ai fait moi-même. Les temps ont changé : aux uns et aux autres le nazisme apparaît désormais comme une « peste », pour reprendre le mot de Jünger, dont il faut sauver notre pays. L'ambition de cette coalition naissante est d'appeler le peuple allemand à se soulever contre Hitler.

Si l'intention me semble juste, conforme aux propos qui m'ont valu ma rupture avec Schmidt au camp de Souzdal – « seul l'avenir du peuple allemand doit désormais occuper nos pensées », avais-je dit –, je ne suis pas encore prêt à m'y associer. J'ai besoin de réfléchir à tout ce que nous avons traversé durant ces dix dernières années – et pour cela besoin d'écrire. Une des rares personnes avec lesquelles je converse est le colonel Wilhelm Adam, auprès duquel j'ai vécu Stalingrad et dont la réflexion, profonde et mesurée, accompagne la mienne.

C'est Adam qui me parle le premier de Heinrich Gerlach, détenu dans notre camp. Jeune lieutenant, professeur de philologie dans le civil, Gerlach occupe son temps, comme je le fais moi-même, à la rédaction d'un livre. Il s'agirait d'un roman sur la bataille de Stalingrad. Je demande à Adam de bien vouloir me le présenter et, quelques jours plus tard, les deux hommes frappent à ma porte.

Gerlach se dit « honoré » de me rencontrer, et cependant il me semble plein de ressentiment à mon égard. Je devine cela à certaines expressions que prend par instants son beau visage. Il a partagé les souffrances de mes soldats dans la marmite, mais au lieu d'en retenir l'héroïsme, comme je l'ai cru, il évoque leur désarroi, leur colère, et soudain, comme emporté par sa propre hargne, il nous raconte comment, sur la fin, son unité a laissé le commandant charger seul l'ennemi :

« Voyez-vous, mon général, nous avons regardé cet homme courir à la mort, nous allions mourir également, de froid, de faim, du typhus, mais nous ne voulions pas *mourir pour lui.*

— Voulez-vous dire que vous n'avez pas chargé non plus ?

— Je n'ai pas chargé, non. Je l'avais prévenu que s'il voulait se faire tuer, il irait seul.

— Comment est-ce possible, lieutenant ?

— Un officier est comptable de ses hommes. S'il donne le sentiment de les sacrifier en vain, simplement par souci d'obéissance, alors il rompt le lien sacré qui fait la force d'une armée.

— N'est-ce pas l'obéissance qui fait la force d'une armée ?

— Si les ordres ont une finalité stratégique, oui, sûrement. S'ils ne sont soutenus que par un souci stupide d'obéissance, de discipline, ils perdent leur légitimité. Les soldats ne sont pas des imbéciles, mon général. Savez-vous que, sur la fin, beaucoup se moquaient des officiers ? Qu'ils étaient nombreux à déserter ? Et même à passer à l'ennemi ?

— On m'en avait averti, oui.

— Vous aviez perdu notre respect, mon général, lâche soudain le lieutenant après un silence.

— Gerlach ! s'exclame Adam.

— Laissez, Adam, nous sommes entre nous », dis-je.

Et revenant au lieutenant :

« Parlez, je vous en prie.

— Vous auriez décidé de percer, nous vous aurions suivi. Nous serions morts pour vous s'il l'avait fallu.

— J'en ai demandé l'autorisation à plusieurs reprises, et chaque fois elle m'a été refusée.

— Nous avons espéré que vous iriez *contre* le haut commandement, en notre nom, au nom de vos hommes. Que vous prendriez ce risque qui engageait votre personne.

— J'y ai pensé…

— Mais vous n'avez pas osé.

— J'ai consulté les commandants de corps d'armée – Seydlitz, Strecker, Heitz…

— Oui, mais vous n'avez pas osé.

— Non, c'est exact.

— À partir de ce moment, les hommes ont compris que leur survie valait moins à vos yeux que l'obéissance à des ordres stupides et nous avons cessé de vous respecter. Vous, mon général, et tous les officiers qui ont cru bon de vous obéir. »

Quand je veux offrir des cigarettes, je constate que ma main tremble, mais il est trop tard pour le dissimuler.

Nous fumons silencieusement. Adam se lève et marche dans le fond de la pièce. Gerlach me scrute, et quand je croise son regard il ne se dérobe pas. Alors je songe qu'il pourrait être mon fils et que nous avons une conversation de fils à père.

« Gerlach, dis-je, je vous remercie de votre franchise.

— Parfois, il peut être moral de désobéir, mon général. De trahir tout ce en quoi on a cru pour demeurer en cohérence avec soi-même. Je ne l'aurais pas dit avant d'en faire l'expérience – je l'ai appris de vous.

— Êtes-vous dans le groupe de Seydlitz, avec les communistes ?

— Oui, mon général.

— Vous êtes jeune, vous allez vite. Quant à moi…

— J'ai appris que vous aviez rompu avec le général Schmidt.

— À mes dépens, oui. J'ai perdu un ami.

— Hitler demanderait à Schmidt de se tirer une balle dans la tête qu'il le ferait.

— Schmidt est un officier remarquable, d'une loyauté irréprochable.

— Vous ne le diriez pas de vous-même ?

— Certainement pas. Je suis constamment traversé de doutes, notre ami Adam le sait bien, n'est-ce pas Adam ? Mais laissons cela, parlez-moi plutôt de ce que vous écrivez, si vous voulez bien.

— Vous êtes proche de Jünger, mon général, on m'a dit cela. Moi, je serais plutôt un disciple d'Erich Maria Remarque. Entre *Orages d'acier* et *À l'ouest rien de nouveau*, je choisis le second.

— La fascination de Jünger pour la guerre ne m'a jamais séduit, le savez-vous ? Quant à Remarque, qui n'aimait pas beaucoup les militaires, je crois, je ne l'ai pas lu.

— Et les nazis ont brûlé son livre… mais on le trouve ici, en Russie, en langue allemande. Voulez-vous que je vous le procure ?

— Je préférerais lire le vôtre. »

Il ne relève pas, se tait.

« Accepteriez-vous, lieutenant ?

— Vous me mettez dans l'embarras, dit-il enfin. J'étais curieux de savoir si vous ressembliez au général dont je trace le portrait…

— Et je ne lui ressemble pas.

— Si, trait pour trait. Mais il est plus facile d'être cruel quand on ne connaît pas la personne.

— Ah, je comprends… Eh bien vous ferez comme vous le sentez. »

Un mois plus tard, peut-être, Gerlach revient me voir.

C'est une fin d'après-midi pluvieuse d'automne, j'étais en train de travailler à la lueur d'une bougie.

« Ah c'est vous, lieutenant. Vous êtes trempé, entrez vite.

— Mon général, j'ai recopié à votre intention quelques passages où vous apparaissez.

— Je vous en suis reconnaissant.

— Tenez, dit-il, sortant de sous sa capote une enveloppe confectionnée en papier journal, les voici… »

Et comme j'ouvre l'enveloppe :

« Ils ne sont pas flatteurs, dit-il, mais je préfère que vous les découvriez en ma présence plutôt que dans quelques années, quand les circonstances nous auront éloignés les uns des autres. Enfin, si nous sortons vivants de cet endroit et si mon livre voit le jour.

— Je comprends, oui, cela vous honore. Dois-je les lire tout de suite alors ?

— Non, mon général. Je voulais dire… pendant que nous sommes dans le même camp. Que vous n'ayez pas le sentiment…

— Bien sûr. N'ayez pas d'inquiétude, je vais les lire tranquillement et puis nous en parlerons. Enfin, si vous le souhaitez. Quoi qu'il en soit, soyez certain que je ne m'autoriserai pas à vous corriger.

— Bien, mon général, alors je ne vous dérange pas plus. »

« Réunion des commandants dans le bunker du 8e corps », a écrit en titre le lieutenant Gerlach.

À l'extérieur, un bruit de moteur s'interrompit et dans l'encadrement de la porte apparut – très grand, mince, légèrement voûté et les gestes un peu empruntés – le général Paulus, commandant en chef de la VIe armée. Il y eut un silence, les officiers se mirent au garde-à-vous. L'espace d'un instant, leurs yeux restèrent fixés sur le visage fin, empreint d'intellectualité, qui ne s'accordait pas vraiment avec l'uniforme et aurait plutôt été à sa place dans une chaire ou une salle d'étude. C'était l'homme qui tenait entre ses mains le sort de tous... Et tandis qu'ils serraient chacun à leur tour cette main qui s'offrait à eux avec lassitude et mollesse, ils sentaient une fois de plus ce qui pesait depuis longtemps sur l'armée, tel un cauchemar – à savoir que ce n'était pas la poigne dont on avait besoin en ces temps difficiles. Gênés, non sans honte ni compassion, les regards des officiers se détournaient de ce visage qui avait perdu sa beauté, déchiré de rides profondes, déformé par de perpétuels tressaillements nerveux ; et comme sous l'effet d'une magie secrète, ils étaient attirés par une paire de prunelles bleu acier qui pétillaient d'un feu glacé derrière les épaules tombantes du commandant en chef. Ces yeux impérieux, dominateurs, qui brillaient au milieu d'une figure énergique, sous des cheveux déjà grisonnants, appartenaient à l'homme qui était entré dans la pièce avec Paulus : le général de brigade Schmidt, chef de l'état-major de l'armée.

Puis je lis ce passage, sous le titre : « Prendre la décision de capituler pour sauver des vies, ou obéir et mourir jusqu'au dernier » :

Ce qu'on exigeait de lui à présent, c'était l'action salvatrice, la rébellion ouverte contre Hitler. Cela aurait demandé beaucoup de courage ou une grande lâcheté. Paulus n'avait ni l'un ni l'autre. Il n'était ni un héros ni une crapule, pas même peut-être un soldat. Il était juste faible, faible comme tant d'autres ; trop faible pour supporter le poids de la responsabilité dont un sort implacable l'avait chargé. Écrasé par ce fardeau, il se traînait, les yeux clos. Et sans doute se persuadait-il que ce n'était pas lui qui le portait, mais l'effrayant personnage, là-bas, à Berlin, qui donnait les ordres. Il se cramponnait à ces ordres, ils étaient pour lui le bâton sur lequel il s'appuyait, ils le préservaient de l'acte redouté. Il fermait les yeux sans voir que sa faiblesse se muait autour de lui en une dureté cruelle, sans vouloir voir que cette funeste faiblesse condamnait des centaines de milliers d'hommes à une mort absurde, sans reconnaître que son devoir n'était pas là où il le cherchait.

Et c'est ainsi qu'il devint coupable, coupable devant son peuple.

Après ces derniers mots je demeure un instant anéanti. Coupable ! Comment peut-on être coupable lorsqu'on a obéi ? À moins de prétendre qu'il n'y a plus de règles et que chacun doit agir selon ce qui lui semble… quoi ? juste ? moral ? À moins d'effacer l'ordre du monde, en somme. Car comment conduire un peuple si le Führer désigné peut être contesté ? Comment conduire une armée si les ordres reçus peuvent être transgressés ? Non, *doivent* être transgressés. C'est bien ce que sous-entend Gerlach, n'est-ce pas ? *Doivent* être transgressés. À un moment. À un moment qu'il appartient à chacun de discerner. Oui, mais sur quels critères ? Eh bien, en écoutant sa conscience. Je ne vois qu'elle – notre conscience. Qui d'autre saurait nous détourner de l'obéissance pour nous dicter notre conduite ? « Il fermait les yeux, écrit-il, sans reconnaître que son devoir n'était pas là où il le cherchait. » Non, lieutenant, vous vous trompez : si je n'avais pas été convaincu qu'il nous fallait tenir pour sauver les armées du Caucase, j'aurais écouté ma conscience, j'aurais désobéi et décidé de percer, et plus tard de capituler. L'aurais-je fait, vraiment ? Oui, je vous supplie de me croire. Mais alors pourquoi, après la « nuit de cristal », ai-je continué d'obéir ? En dépit… oh mon Dieu, oui, en dépit des mots de Constance. Pourquoi m'aurait-elle lu ces passages hallucinants de *Mein Kampf* si ce n'est pour m'ouvrir les yeux ? Et, là encore, je n'avais pas voulu voir. Mon Dieu, qu'a-t-elle pu penser ? Comme j'ai dû la décevoir ! Et quelques mois plus tard, il y avait eu Jünger avec ses *Falaises de marbre*. Jünger, qui avait décidé que son devoir était désormais de désobéir, d'entrer en résistance – j'en avais pris acte, peut-être même l'avais-je secrètement admiré, mais je n'avais pas dévié pour autant de ma route. Coupable, déjà. Après toutes ces opportunités ratées, toutes ces mains tendues que je n'avais pas voulu saisir, comment convaincre Gerlach qu'il se trompe ? S'il n'y avait pas eu les armées du Caucase, aurais-je *vraiment* trouvé le courage de désobéir et de percer ?

Cependant, ce n'est plus à Gerlach que je songe maintenant, mais à Constance. Sa lucidité depuis le premier jour, et mon aveuglement. Mon aveuglement voulu, car sinon… sinon toute notre vie en aurait été bouleversée, bien entendu. Les larmes de Constance quand elle avait su pour la Pologne, tandis que tout juste promu général je figurais en bonne place parmi les agresseurs. Ses larmes, mais son silence. « Mon ami, comment pouvez-vous ? Ces gens ne nous ont fait aucun mal… » Je l'entends, bien qu'elle ne l'eût pas dit. Et deux ans plus tard, son désespoir, sa colère quand nous avions envahi la Russie ; « une folie, qui va engendrer des pertes colossales » – oui, mais pas un mot de reproche à mon endroit. Comme si elle avait renoncé, n'est-ce pas. À quoi bon puisque je n'avais pas bougé après la « nuit de cristal », pas voulu entendre ce qu'écrivait

Hitler. Comme j'ai dû la décevoir. Et comme elle me manque, soudain. À cet instant, je donnerais le reste de ma vie pour quelques heures seulement auprès d'elle – lui dire combien je regrette, lui demander pardon, être certain qu'il ne demeure plus une ombre entre nous car qui sait si nous nous reverrons ?

« Bien sûr, Constance, vous avez raison, aucun honnête homme ne peut servir l'auteur de ces mots abominables » – sans doute avait-elle attendu cela. Notre vie en aurait été bouleversée, c'est entendu, nous aurions dû fuir l'Allemagne, trouver refuge en France peut-être, puis fuir de nouveau en 1940, vers les États-Unis ou ailleurs, car Hitler aurait mis ma tête à prix. Notre vie aurait été difficile, mais nous aurions été en paix avec nos consciences. Ou peut-être aurions-nous décidé de ne pas fuir, d'appeler à résister comme ces étudiants de Munich, et alors nous serions devenus des clandestins traqués par la Gestapo.

Mais à ce moment de ma réflexion, je vois qu'il reste dans l'enveloppe un passage recopié de la main de Gerlach.

« Au sujet du colonel Alexander von Hartmann », a-t-il écrit à mon intention.

La découverte de ce nom me ramène aussitôt aux heures les plus sombres de Stalingrad. C'était le 26 janvier, cinq jours avant notre reddition. Nous nous savions perdus et lors d'une brève réunion d'état-major, Hartmann avait confié à Schmidt, qui m'avait rapporté ses propos : « Je ne compte pas être pris, Schmidt, la captivité pour un officier est un déshonneur. Je vous dis donc adieu, je vais aller chercher la mort en première ligne, à la tête de mes hommes. » Il avait été tué l'après-midi même d'une balle dans le front alors qu'il se tenait debout en première ligne, dressé de toute sa hauteur sur un talus, et qu'il tirait sur les Russes avec son arme de poing.

Gerlach tente d'entrer dans ses pensées à la veille de ce jour funeste, et voici ce qu'il écrit :

> La nuit, il en allait autrement quand il était étendu sur sa couchette sans pouvoir dormir, enveloppé dans les voiles de l'obscurité, à fixer la noirceur du vide. C'est alors que se manifestaient les doutes et les questions. Le serment que l'on prêtait à un criminel avait-il une valeur ? N'existait-il pas des liens qui lui étaient supérieurs ? La famille, le peuple… Dieu ? Se comportait-il véritablement en chrétien ? Il sentait avec terreur qu'il n'avait plus de sol stable sous les pieds. Oui, il y avait bien une autre voie : refuser d'exécuter l'ordre criminel, lui opposer un non d'airain et en tirer les conséquences, rompre avec tout ce qui avait précédé… Mais c'était de la rébellion, c'était la révolution ! Cette idée le faisait frémir. La révolution, c'était pour les types en casquette. C'était le caniveau qui faisait la révolution. Lui, un homme issu d'une vieille famille de

> soldats, un aristocrate, faire la révolution ? Impensable ! [...] Non, pour lui il n'y avait qu'une voie : aller jusqu'au bout du chemin sur lequel il s'était engagé, la tête haute, avec dignité. C'était avec un mépris indicible qu'il considérait les autres, ces indécis qui se cherchaient une issue digne au prix de lâches compromis. L'ancien monde sombrait et il l'accompagnerait dans sa chute. Il voulait sauver la face, mourir en dernier représentant de l'ordre d'autrefois – en dernier chevalier.

Dans son ultime lettre à sa femme, laissée en évidence dans son bunker, le colonel Alexander von Hartmann avait écrit :

« À Stalingrad, nous avons d'abord attaqué, puis nous nous sommes défendus. Et pour finir, nous sommes devenus des criminels ! »

Non pas en nous défendant contre les Russes, mais en obéissant à Hitler : en condamnant nos propres soldats à la mort – c'est ce qu'il avait voulu dire. Entre les tenants de l'obéissance, représentés par Schmidt, et ceux de la désobéissance, incarnés par Seydlitz, Hartmann avait constamment refusé de prendre parti. À maintes reprises, je m'étais heurté à son silence. C'était à ses yeux deux expressions du même déshonneur. Il ne voulait endosser ni le rôle du criminel ni celui du révolutionnaire, mais demeurer le grand soldat qu'il avait été. Quand le moment était arrivé où cette troisième voie ne menait plus à rien, il était allé « chercher la mort ».

Je n'aime décidément pas l'idée de s'en aller de cette façon, la tête haute, au nom d'une prétendue dignité. C'est partir sans avoir tenté d'apprendre ce que nous enseigne cette guerre, d'apprendre de l'impasse dans laquelle elle nous a précipités. Plus d'espace pour les grands soldats que nous pensions être, que nous rêvions d'être, mais seulement le choix entre deux expressions du même déshonneur, oui : l'obéissance à un criminel, ou la trahison.

Dans les jours suivants, je demande à Heinrich Gerlach s'il accepterait de me donner à lire l'ensemble de son manuscrit.

Il semble surpris.

« Ce serait un honneur, mon général. Mais…

— Mais vous êtes en cours d'écriture, je sais. Je ne vous le garderai qu'un jour ou deux.

— Ce n'est pas ce que je voulais dire.

— Ce que vous écrivez me trouble, je ne vous le cache pas.

— J'ai pensé que vous pourriez trouver cela… insultant.

— Nous n'en sommes plus là, Gerlach. Nous n'en sommes plus là, regardez-nous…

— Oui, mon général, je comprends. Eh bien, je vous apporterai mon texte dès ce soir.

— Je vous suis reconnaissant de votre confiance. »

La terrible nouvelle m'est annoncée par le commandant du camp, qui a pris soin de me faire asseoir dans son bureau.

Le 29 février de cette année 1944, tristement fêtée deux mois plus tôt, mon fils Friedrich a été tué en Italie durant la bataille d'Anzio. Il allait avoir vingt-six ans.

Je m'entends hurler bien qu'aucun son ne soit sorti de ma bouche, j'en suis certain.

« Je suis profondément désolé, dit tout bas le commandant sans cesser de me fixer.

— Comment... comment est-ce arrivé ?

— L'information nous a été donnée par la Croix-Rouge, je ne sais malheureusement rien de plus. »

Puis il se lève et me raccompagne à sa porte.

Mon Dieu, Friedrich, mon fils, mon garçon... Où est-il aujourd'hui ? Et comment est-ce arrivé, oui ? Le saurai-je un jour ? Il servait en Italie sous le commandement du maréchal Kesselring. Nous avions appris que les Anglo-Américains avaient débarqué à Anzio, au sud de Rome, au début de l'année 1944, et naturellement j'avais pensé à lui, affecté à la défense de Rome. Mais soudain c'est à Constance que je songe. Le sait-elle déjà ? Et sinon, comment va-t-elle l'apprendre ? Un policier, peut-être, ou une lettre ? Une lettre qu'elle ouvrira seule. À moins qu'Olga... Oui, peut-être vivent-elles maintenant sous le même toit en attendant... en attendant notre retour. Tous les hommes de notre famille partis à la guerre. Cette guerre qu'elles avaient d'emblée détestée – l'ivresse des foules, les discours haineux et sans fin de l'« odieux personnage », la traque des Juifs, la fuite des intellectuels, l'art prétendument « dégénéré », et nos victoires fulgurantes : en Autriche, en Pologne, en Belgique, en France, nos victoires dont je revenais décoré et promu mais dont nous ne parlions que du bout des lèvres – Constance aimait passionnément la France sans laquelle son pays, la Roumanie, n'aurait peut-être pas vu le jour sous le Second Empire…

Lors de mon ultime passage à Baden-Baden, pour la fête de Noël 1941, quelques jours avant de prendre le commandement de la VIe armée embourbée à Kharkov :

« Oh, mon chéri, comment avons-nous pu confier notre destin à cet homme ? Jusqu'où va-t-il nous entraîner ?

— Il vaut mieux que ce que vous pensez. Restez confiante, je vous en supplie.

— Si vous le croyez…

— Je le crois, oui. Je le crois de toutes mes forces. »

Alors Friedrich, que nous avions cru parti se coucher, était apparu et, comprenant qu'il avait pu l'entendre, Constance avait semblé confuse :

« Mon cher enfant, je n'aimerais pas que tu te figures…

— Laissez, maman, je peux parfaitement entendre vos doutes.

— Mais toi, toi tu dois rester fort, n'est-ce pas ? Tu ne dois pas douter de la victoire.

— Je n'en doute pas un instant, ne vous faites pas de souci. Auriez-vous un peu d'aspirine, maman ? »

Il avait rejoint son unité le lendemain matin par le train. Je ne l'avais pas revu depuis et une seule lettre de lui m'était parvenue, dans laquelle il me disait sa fierté de combattre sous le commandement d'Albert Kesselring, l'un de nos officiers les plus brillants, issu de l'armée de l'air. Dans une lettre arrivée le même jour, par une coïncidence troublante, Constance m'écrivait sa peine de lui être apparue « défaitiste », « alors qu'un soldat a besoin de se sentir soutenu par les siens ». Qu'allait-elle se figurer maintenant ? Qu'il avait perdu confiance par sa faute, qu'il ne serait pas mort si… Quelle souffrance de n'être pas auprès d'elle pour partager ce chagrin.

Quelques jours après cette annonce, voilà que m'arrive une longue lettre de Jünger, transmise par les soins de Friedrich Hielscher, notre ami commun. La lettre est passée par Moscou, ce qui me laisse penser que Hielscher travaille désormais pour le renseignement soviétique. Philosophe, issu de la mouvance de l'Église protestante, Hielscher s'est opposé au nazisme dès 1933. Il a croisé Jünger à Paris au mois de mars, m'écrit-il ; celui-ci venait d'apprendre la mort de mon fils et lui a confié ces pages.

Jünger veut me faire part de son soutien dans ce moment si douloureux. Il est toujours en poste à Paris, ce que je savais, capitaine, chargé de missions purement administratives, logé à l'hôtel Raphaël, avenue Kléber. Cependant, il souhaite profiter, m'écrit-il, des « réseaux » de notre ami pour m'informer « d'événements épouvantables » dont il a eu connaissance grâce à ce même ami.

Friedrich Hielscher a pu s'introduire dans le ghetto de Lodz en octobre 1943, il y a donc cinq mois de cela, et s'entretenir avec le chef de la communauté juive.

> Cent vingt mille Juifs vivent dans le ghetto, compressés au maximum, et y travaillent pour l'armement, m'écrit Jünger. Ils ont mis sur pied l'une des plus grosses entreprises de l'Est. Ils sont indispensables : ce qui leur permet de gagner du temps. Cependant, les Juifs déportés affluent sans relâche des pays occupés. Pour les liquider, on construit des fours crématoires à proximité des ghettos. On y transporte les victimes dans des voitures inventées, dit-on, par le nihiliste en chef Heydrich – les gaz d'échappement y sont refoulés vers l'intérieur, transformé ainsi en cellules de mort. Il existe, paraît-il, une deuxième manière d'exécuter : avant de les brûler, on fait venir les victimes, nues, sur une plaque de fer, à travers

laquelle on fait passer un courant électrique. On en est arrivé à ces méthodes parce qu'il s'est trouvé que les SS chargés d'abattre les victimes à coup de feu dans la nuque ont souffert de troubles nerveux et s'y sont, à la fin, refusés. Ces fours crématoires n'exigent qu'un personnel restreint ; on dit qu'y sont à l'œuvre des sortes de maîtres diaboliques, entourés de valets. C'est donc là que disparaissent les masses de Juifs qu'on déporte d'Europe pour les « établir ailleurs ».

Ceux qui sont destinés au four crématoire, poursuit-il, doivent être nommés par le chef du ghetto. Après de longs conciliabules avec le rabbin, il désigne les vieillards et les enfants malades. Parmi les invalides, beaucoup se présenteraient de leur propre gré…

Je ne lis plus, c'est insoutenable. Puis je reprends depuis la première ligne. Si le témoin ne se nommait pas Hielscher, et le messager Jünger, je ne le croirais pas, je dirais que ce sont des absurdités. Puis je repense aux mots de Constance après sa lecture de *Mein Kampf* : « Il exprime le regret que ces hommes, qu'il nomme des "Hébreux corrupteurs du peuple", ne soient pas morts par les gaz en 14-18. Ce ne sont pas des absurdités, mon ami, mais des appels déguisés à tuer. À tuer les Juifs. Hitler a tout écrit il y a quinze ans dans sa prison de Landsberg, mais personne n'a pris la peine de le lire. »

« À Stalingrad, nous sommes devenus des criminels », confiait Hartmann à sa femme, avant d'aller « chercher la mort ». Se peut-il que nous soyons devenus bien pire encore : des assassins de masse ? Alors nous serons mis au ban des nations quand on le découvrira, objet de l'opprobre de tous les autres peuples du monde, condamnés pour des décennies à la honte et au silence.

Est-ce pour ce résultat que tant des nôtres sont tombés ? Que mon fils est mort ?

Puis Jünger, brièvement retourné en Allemagne pour y célébrer Noël, me dit sa peine d'avoir découvert notre pays ravagé par les bombardements :

> Passé l'après-midi à Hanovre, que j'ai trouvé en ruine. Les endroits où j'avais vécu enfant, écolier, jeune officier, sont complètement rasés. Je suis resté longtemps devant la maison de la Krausenstrasse que ma grand-mère avait habitée plus de vingt ans et où je lui avais tant de fois tenu compagnie. Quelques murs de brique en subsistaient et je reconstruisais de mémoire la cuisine, la petite chambre d'amis, le salon et l'aimable living-room aux fenêtres duquel ma grand-mère cultivait ses fleurs. Des dizaines de milliers de demeures semblables ont été détruites en une nuit, avec tout leur halo de vie vécue, comme des nids d'oiseaux qu'une bourrasque jette à terre.
>
> Il y avait de l'activité au milieu des ruines. Le va-et-vient de la foule grise me rappela les images que j'avais vues à Rostov et dans d'autres villes russes.

Que savent mes codétenus des crimes que nous commettons ? Que savent-ils de notre monstruosité ?

Le colonel Adam est le seul à qui j'ai fait part de la mort de mon fils. « Je ressens votre douleur, m'a-t-il dit, sachez que je suis là, que vous pouvez compter sur moi. »

Il a eu la pudeur d'attendre quelques jours avant de me révéler que lui aussi a perdu un fils, en mai 1940, durant la campagne de France. Alors, sans le préméditer, je l'ai pris dans mes bras pour une étreinte silencieuse.

Je n'ai pas eu la force de lui demander s'il savait pour les Juifs. Comme si je m'en sentais coupable, n'est-ce pas. À moins que ce ne soit la honte – de devoir partager, avec cet homme que j'estime, la honte d'être allemand.

J'ai continué à me taire jusqu'au 25 mai de cette année 1944. Ce jour-là, nous avons appris que le général von Seydlitz venait d'être condamné à mort par contumace pour avoir, à la tête de l'Association des officiers allemands, appelé le peuple à se soulever contre Hitler et nos soldats à déserter, ou à se rendre, pour précipiter la fin de la guerre. Le sort des Juifs m'avait coupé de mon pays et précipité dans un accablement silencieux, la nouvelle de la condamnation de Seydlitz me rappelle soudain à la vie. Nous ne sommes donc pas impuissants devant l'horreur, ai-je pensé, nous pouvons agir contre ce régime, Seydlitz et nos compagnons en sont la preuve. Si Hitler a pris le risque, devant le peuple allemand, de faire condamner à mort l'un des grands généraux de la Wehrmacht, c'est qu'il a pressenti le danger que représente un tel homme.

À compter de cet événement les principes d'obéissance et de loyauté qui ont ordonné ma vie depuis l'entrée dans l'âge adulte se fissurent. Je ressens l'effet de ce séisme jusque dans mes articulations, qui me font étonnamment souffrir. Peut-être m'abandonnerais-je, et céderais-je à la mélancolie, si je n'étais pas porté par l'espoir, et j'allais écrire la certitude, qu'après l'effondrement viendrait la reconstruction. Puisque Seydlitz, Adam, Hoovens, Gerlach, et tant d'autres, me montrent le chemin.

Ma première sortie, après des semaines où je me suis fait livrer mes repas dans ma chambre, est pour rendre visite à Seydlitz qui semble saisi d'effroi par mon apparence.

« J'ai appris pour votre fils, mon cher Paulus, croyez bien…

— La guerre nous atteint tous, et souvent malheureusement dans ce que nous avons de plus précieux… Dites-moi, général, de votre point de vue, ma présence à vos côtés renforcerait-elle…

— Je ne l'espérais plus, monsieur le maréchal. Votre nom, votre présence dans le cercle étroit des maréchaux du Reich… Ce serait un atout considérable.

— Votre condamnation me touche au plus profond, je veux vous le dire, Seydlitz, vous dire que je suis à vos côtés. Mais au-delà, je vois dans cette sentence une première victoire contre ce régime abominable. Ce régime que nous avons largement contribué à légitimer... »

Il ne relève pas, aussi restons-nous silencieux un moment dans sa petite pièce enfumée. Sans doute n'est-il pas homme à revenir sur le passé, à s'appesantir sur des responsabilités contre lesquelles nous ne pouvons plus rien. Moi, si. Quand on me diagnostiquera quelques années plus tard une sclérose latérale amyotrophique, je saurai que la maladie est entrée en moi à ce moment précis de ma vie, ce moment où je me préparais à tourner le dos à de prétendues « valeurs » pour basculer dans la révolution. « La révolution, écrit Gerlach, c'était pour les types en casquette. C'était le caniveau qui faisait la révolution. » Et je m'apprête à la faire, moi qui ai choisi l'uniforme à dix-neuf ans dans le souci de m'élever au-dessus des miens. On ne se renie pas sans en payer le prix, et le prix sera donc cette maladie qu'on ne saura pas soigner et qui m'emportera.

« Sachez que je suis désormais à votre disposition, général, ajouté-je en me levant pour prendre congé.

— Je vais l'annoncer aux membres du groupe, monsieur le maréchal, et notre prochaine initiative vous sera soumise. »

Rien ne bouge, dans notre camp de Lunjowo, jusqu'à l'annonce qu'un attentat contre Hitler vient d'échouer. Il aurait été mené le 20 juillet par le colonel comte Claus von Stauffenberg, que j'ai très bien connu quand j'étais à l'état-major général puisqu'il était mon adjoint, détaché au département « Organisation ». L'attentat aurait eu lieu au grand quartier général du Führer de Forst Görlitz, en Prusse-Orientale, surnommé la *Wolfsschanze*, la « tanière du loup ». La bombe, déposée par Stauffenberg lui-même sous la table de réunion, aurait blessé et tué quelques généraux sans que ni Hitler ni Keitel, qui se tenait à sa droite, eussent été sérieusement touchés. Le Führer, secoué mais indemne, aurait même reçu Mussolini dans l'après-midi, comme prévu, et lui aurait présenté les dégâts.

Très rapidement, le commandant du camp nous confirme la nouvelle et nous tient informés des suites de l'événement. Le soir même, Stauffenberg a été fusillé ainsi que le colonel Albrecht Mertz von Quirheim et le général Friedrich Olbricht, tous les deux impliqués dans l'attentat.

La « révolution » opérée par Stauffenberg, hitlérien de la première heure, officier remarquable, tant à l'état-major qu'au front (il a perdu en Afrique du Nord son œil gauche et sa main droite), me conforte dans ma décision d'entrer en résistance contre Hitler et son régime.

De douze années le cadet de Jünger, Stauffenberg était un de ses disciples et admirateurs. Adolescent – il a seize ans en 1923 –, il découvre *Orages d'acier* et lit *La Guerre notre mère.* Il est révolté par les clauses du traité de Versailles et ne songe qu'à entrer dans l'armée. Il est alors prêt, m'avait-il dit, à sacrifier sa jeunesse pour servir la patrie « en attendant qu'apparaisse un homme en qui on pourra avoir une totale confiance ». Le 30 janvier 1933, il reconnaît cet homme en Hitler et, bien qu'issu de la haute noblesse, il revêt son uniforme d'officier pour descendre marcher parmi la foule d'ouvriers et de chômeurs qui acclament le Führer.

C'est avec foi, m'avait-il assuré, qu'il prête serment à Hitler, le 2 août 1934, me répétant de mémoire les mots prononcés ce jour-là dans l'enceinte de la caserne : « Je jure solennellement devant Dieu d'obéir en toutes circonstances à Adolf Hitler, Führer du Reich et du peuple allemand, chef suprême des armées. Je m'engage à agir en tout temps comme un soldat valeureux et à respecter ce serment, même au péril de ma vie. »

Quel événement a pu faire revenir un tel homme sur son serment ? Selon le général Franz Halder, qui fut notre supérieur à l'état-major général et que je retrouverai en 1946 au procès de Nuremberg, c'est la découverte des camps d'extermination durant l'automne 1942 qui fut déterminante pour Stauffenberg. Il aurait alors confié au colonel Hellmuth Stieff, chef du département Organisation à l'état-major : « J'ai cru en la refonte de l'Europe voulue par Hitler et me suis engagé dans cette guerre porté par cet idéal. Mais c'était un leurre. La découverte des camps d'extermination et la façon dont nous traitons les populations civiles dans les pays que nous occupons font de nous des criminels. Dès lors cette guerre, qui devait apporter une paix durable, n'est qu'une abomination. Hitler est un dément qu'il faut à tout prix arrêter, il en va de la survie de millions de gens. »

Impliqué dans le complot, Hellmuth Stieff, promu entre-temps général, sera condamné à mort le 7 août 1944 et exécuté le lendemain par pendaison.

Puis nous découvrons l'étendue des ramifications du complot depuis notre camp. Le maréchal Erwin von Witzleben, qui devait prendre le commandement suprême de la Wehrmacht si l'attentat avait réussi, est arrêté et pendu. Le général Ludwig Beck, qui devait succéder à Hitler à la chancellerie, se suicide. L'ambassadeur Ulrich von Hassell, grande figure de l'opposition au nazisme, est jeté en prison (il sera plus tard condamné à mort). Franz Halder lui-même, bien qu'ayant refusé de participer à l'attentat par conviction religieuse, est arrêté et incarcéré au camp de Flossenbürg avant d'être envoyé à Dachau (d'où il sera libéré par les Américains).

Ardemment soutenu par le haut commandement allemand en France, l'attentat y a des répercussions immédiates. Le général Carl-Heinrich von Stülpnagel, commandant en chef des troupes d'occupation, tente de se suicider alors qu'il retourne en Allemagne, convoqué par Hitler. Il échoue à se tuer en se tirant une balle dans la tête mais perd la vue. Arrêté par la Gestapo, il est soigné avant d'être condamné à mort et pendu. Le général Hans Speidel, chef d'état-major sur le front ouest, est également arrêté mais il ne parle pas sous la torture, s'évade et parvient à sauver sa tête.

Ce faisant, il sauve également celle de Jünger dont il est l'ami et le confident. Les deux hommes se retrouvaient régulièrement pour dîner en tête à tête au château de La Roche-Guyon, résidence du général Speidel. Jünger était au courant du complot, et Speidel avait lu, de son côté, *La Paix* rédigé par l'écrivain. Un « appel à la jeunesse d'Europe et à la jeunesse du monde », « afin que cette guerre porte fruits pour tous », sur lequel Jünger travaillait clandestinement depuis plusieurs mois et qui lui aurait assurément valu une condamnation à mort si la Gestapo l'avait découvert.

Au lendemain de l'attentat, Himmler réactualise les lois moyenâgeuses de la *Sippenhaft* – la « responsabilité parentale ». Aux termes de ce principe, les proches des auteurs de crime contre l'État sont désormais tenus pour coresponsables et peuvent être condamnés à la même peine.

Himmler prétend que cette pratique aurait existé chez les Teutons. « Lorsqu'ils prononçaient le bannissement d'une famille et la déclaraient hors la loi, ou lorsqu'il existait une querelle de sang dans la famille, explique-t-il devant l'assemblée des *Gauleiter*, les Teutons faisaient preuve de cohérence. Cet homme a commis une trahison, son sang est mauvais, il y a du sang de traître en lui, cela doit être anéanti. Et dans la querelle de sang, tout le clan était anéanti jusqu'à son dernier membre. De la même façon, ajoute-t-il, la famille du comte von Stauffenberg sera anéantie jusqu'à son dernier membre. »

Nina von Stauffenberg, alors enceinte de leur cinquième enfant, sera bientôt arrêtée et envoyée au camp de Ravensbrück, tandis que les enfants seront placés dans un orphelinat où ils perdront leur patronyme (tous, mère et enfants, seront libérés par les Américains en avril 1945).

Dans les semaines qui suivent, les proches de tous les officiers engagés derrière le général von Seydlitz tombent à leur tour entre les mains de la Gestapo. Nous ne l'apprendrons qu'avec retard, et heureusement, me dis-je, car où aurions-nous trouvé la force de continuer à nous battre si nous avions su les nôtres, femmes et enfants, pris en otages, interrogés, et peut-être torturés, par notre faute ?

Le 8 août 1944, je joins pour la première fois ma voix à celles des officiers du Comité national pour une Allemagne libre, appelant à renverser Hitler et à engager des pourparlers de paix avec les Alliés. J'apprendrai plus tard que c'est à cette date que furent exécutés deux de mes anciens compagnons d'armes impliqués dans l'attentat du 20 juillet, le maréchal von Witzleben et le général Erich Hoepner.

Bien plus tard également, avec une tristesse infinie qui me hante nuit et jour, j'apprendrai par mon fils, Ernst-Alexander, venu me voir à Dresde, les conséquences de mon engagement.

Dans les jours qui suivirent ma prise de parole depuis le camp de Lunjowo, la Gestapo débarqua chez nous à Baden-Baden. Constance l'avait anticipé et avait pris soin de brûler notre correspondance et tous les documents qu'elle avait jugés compromettants. Il lui fut demandé si elle acceptait de renoncer au nom de Paulus – « Certainement pas », rétorqua-t-elle. Puis elle cessa, à sa façon, de considérer les policiers, ne répondit plus à aucune de leurs questions, fut arrêtée et envoyée au camp de Dachau. Ernst-Alexander fut également arrêté et emprisonné.

Libérée en 1945 par les Alliés, Constance est morte le 1er septembre 1949 à Baden-Baden sans que nous nous soyons revus.

Je peux me figurer sa peine au regard de la mienne.

Dans sa dernière lettre, transmise par la Croix-Rouge, elle m'annonçait la mort du mari d'Olga, Achim von Kutzschenbach, tué sur le front russe.

Elle disait espérer que nous nous retrouverions bientôt autour de nos deux enfants survivants, « pleins de courage pour les aider à reconstruire l'avenir », ajoutait-elle.

Nous tous, officiers, avions vu en Hitler l'homme providentiel qui rendrait à l'Allemagne sa puissance et son honneur. En le servant, nous avons contribué à précipiter l'Europe, et notre pays en particulier, dans un chaos abyssal. Notre responsabilité est immense. Durant les premiers mois de l'année 1945, tandis que les bombardements alliés anéantissent nos villes, le monde découvre, en même temps que nous, l'ampleur des atrocités commises par les nôtres : Auschwitz-Birkenau, Ravensbrück, Buchenwald, Bergen-Belsen, Flossenbürg…

Hitler se suicide le 30 avril 1945, Goebbels le 1er mai et Himmler le 23 du même mois. Entre-temps, l'Allemagne a capitulé le 8 mai – personne alors ne saurait dire combien de millions d'enfants, de femmes et d'hommes ont péri par notre faute. Le saura-t-on même un jour ?

Mais on va pouvoir juger ceux que les Alliés considèrent comme les principaux responsables de cette tragédie, du moins ceux qui ne se sont pas donné la mort, et parmi eux Hermann Göring, Wilhelm Keitel, Alfred Jodl, Rudolf Hess, Joachim von Ribbentrop, Hans Frank, Alfred Rosenberg, Ernst Kaltenbrunner, etc. Le procès se tiendra à Nuremberg, dès l'automne de cette année 1945, apprend-on des autorités du camp.

Quand les noms nous sont communiqués, je m'étonne silencieusement de ne pas figurer parmi les accusés pour avoir participé à toutes les campagnes de la Wehrmacht. C'est dire si mon sentiment de culpabilité est profond. Mes yeux se sont dessillés dans les derniers mois au point de me faire regarder comme criminelles des offensives et des préparations d'état-major que j'ai considéré de mon devoir d'accomplir, sur le moment, du mieux possible. De mon *devoir*, n'est-ce pas, avec tout ce que ce mot contient d'éthique. Une fois ma confiance en Hitler ébranlée – et elle le fut bien tardivement comparée à celle d'autres grands soldats, tels Halder et Jünger –, le doute s'est insinué dans mes réflexions et n'a plus cessé de miner la légitimité de mes engagements. Ce qui me semblait à la fois courageux et moral m'est apparu au fil du temps indigne, pour ne pas dire abject. Cette obéissance dont j'avais fait une ligne de conduite – « Et je suis, monsieur le maréchal, votre très obéissant », paraphais-je, en Russie, toutes mes lettres à Manstein –, cette obéissance en est venue à me faire honte. Oh, comme Gerlach me paraît maintenant avoir raison quand il écrit, à propos de mon commandement à Stalingrad : « Écrasé par ce fardeau, il se traînait, les yeux clos. Et sans doute se persuadait-il que ce n'était pas lui qui le portait, mais l'effrayant personnage, là-bas, à Berlin, qui donnait les ordres. » Comment avais-je pu m'effacer au nom de la discipline ? Faire taire mes sentiments autant que mes considérations stratégiques sous prétexte que « l'effrayant personnage » était hiérarchiquement au-dessus de moi ? Combien de vies avais-je sacrifiées par souci d'obéissance ?

Oui, je m'étonne de ne pas figurer parmi les accusés, car ma responsabilité me hante.

Aussi, quand deux envoyés du Kremlin viennent me demander si j'accepterais de témoigner au procès de Nuremberg, je demeure un long moment silencieux.

« Comment cela, *témoigner* ? Témoigner que ces hommes sont des criminels ? Mais ne le suis-je pas autant qu'eux ?

— À notre connaissance, monsieur le maréchal, vous n'êtes soupçonné d'aucun crime de guerre.

— Vous semblez ignorer que c'est moi qui ai préparé et supervisé l'invasion de votre pays comme adjoint au chef d'état-major général de la Wehrmacht. Or, il s'agit d'une guerre contre un pays qui non seulement ne nous avait causé aucun tort, mais qui de surcroît nous avait aidés à reconstruire notre armée. D'une guerre, dois-je vous le rappeler, menée en violation d'un *traité de non-agression* que nous avions signé avec vous en août 1939.

— Vous êtes militaire, vous étiez tenu d'obéir.

— Le maréchal Keitel l'était également, s'il n'avait pas signé les ordres de Hitler il aurait été démis, voire jeté en prison, et pourtant il figure parmi les accusés.

— Nous ne sommes pas là pour en juger, monsieur le maréchal, mais pour vous demander…

— … de témoigner contre mes supérieurs hiérarchiques auxquels j'ai obéi.

— Oui.

— L'obéissance est-elle donc une excuse ?

— Nous ne sommes pas là pour en juger.

— Mais vous m'excusez, néanmoins, tandis que vous accusez Keitel et me demandez de le charger. La vérité, c'est que nous tous officiers qui avons participé à cette guerre devrions être dans le box avec lui mais que vous n'avez pas de tribunaux suffisamment grands pour contenir des dizaines de milliers d'hommes.

— Nous ne sommes pas habilités à engager un tel débat.

— L'obéissance n'est pas une excuse, elle *ne peut pas* l'être, vous le savez, mais vous préférez ne pas ouvrir le débat car sinon c'est tout le peuple allemand qu'il faudrait entasser dans le même tribunal. Le peuple allemand, qui à quelques exceptions près a obéi comme un seul homme à un malade mental que nous avons pris pour un génie. Voyez-vous, c'est un de vos collègues qui m'a fait découvrir la Rose blanche, l'un des rares réseaux de résistance à Hitler. Les jeunes de la Rose blanche sont morts guillotinés pour nous ouvrir les yeux mais nous n'avons pas voulu voir, nous avons continué à obéir, à marcher droit. Je suis en train de comprendre à mon âge, cinquante-cinq ans, dont trente-cinq sous l'uniforme, que la désobéissance, ce mal absolu pour un soldat, aurait pu nous sauver de la honte et du déshonneur. »

Prisonnier des Russes, je suis conduit à Nuremberg au début du mois de février 1946 et incarcéré à la prison qui jouxte le tribunal. Ma cellule ne fait guère plus de neuf mètres carrés, elle est meublée d'un lit étroit scellé au mur, d'une petite table, d'une chaise et d'un lavabo. La lumière naturelle y entre par une fenêtre étroite et barreaudée placée si haut que même en montant sur le lit je ne peux pas l'atteindre. Je dispose également de toilettes.

Nous jouissons d'une certaine liberté pour aller et venir dans la prison, pouvons prendre nos repas en commun si nous le souhaitons et sommes autorisés à bavarder. J'évite certains pour lesquels j'éprouve un profond dégoût, tels Kaltenbrunner, Rosenberg ou Frank, je salue froidement Göring que les événements de Stalingrad m'ont appris à mépriser, mais je m'entretiens à deux reprises avec Keitel qui vient me serrer chaleureusement la main dès qu'il m'aperçoit.

De 1938 à 1945, le maréchal Wilhelm Keitel fut le chef d'état-major du commandement suprême de l'ensemble de nos forces armées. Seul Hitler, dont il recevait les ordres, était au-dessus de lui. Nous le savions docile et incompétent, ce pourquoi il avait été maintenu à ce poste, disait-on, mais j'ignorais tout de sa vie et, bien malgré moi, je suis touché par sa modestie et la singularité de son destin.

« J'ai grandi dans un petit village, à la campagne, me raconte-t-il. J'ai fait neuf ans de lycée à Göttingen et, à la fin du lycée, je suis devenu soldat. Je le suis devenu uniquement parce que je n'aurais pas pu vivre décemment sur notre petit domaine agricole. Toute ma vie, j'en ai rêvé, je suis un homme de la campagne, j'aime la solitude, l'odeur de la terre – si vous saviez, Paulus, comme j'ai été malheureux dans l'armée ! J'aime le rythme des saisons, la tranquillité de nos villages, et je peux dire aujourd'hui que j'ai complètement raté ma vie. »

À plusieurs reprises, il songe à quitter l'armée pour réaliser son rêve : reprendre la ferme familiale. Cependant, il doit chaque fois y renoncer par manque d'argent. « J'ai toujours voulu être un paysan, un forestier, et voyez dans quel pétrin je me suis fourré ! » S'il se résout à rester soldat, c'est sans aucune ambition, aussi me dit-il sa surprise d'être régulièrement promu. Jusqu'au mois de février 1938 où le maréchal Werner von Blomberg suggère son nom à Hitler pour lui succéder à la tête des armées – Keitel a épousé en secondes noces la fille de Blomberg, aussi ce dernier souhaite-t-il légitimement le voir réussir.

« Mon beau-père croyait m'être agréable, mais c'est là qu'ont commencé mes ennuis, poursuit-il. Je devais plus ou moins diriger l'état-major, mais je n'ai pas la trempe d'un feld-maréchal, je suis faible, je me suis laissé entraîner. Pour tout dire, j'ai fait ce que

Hitler me demandait de faire. Il n'était qu'un petit soldat et manquait complètement d'éducation : c'était un révolutionnaire en réalité. Dès les premières semaines de ma nomination à la tête de l'état-major général se sont présentées les grandes questions politiques : la question autrichienne d'abord et, à la fin d'avril, la question tchèque. Tout juste huit semaines après mon entrée en activité, n'est-ce pas. Ainsi ai-je dû passer d'un événement à l'autre, tel un homme chancelant d'une chose à l'autre, sans avoir tous mes esprits et sans être capable de réfléchir aux conséquences des choses. Les événements se sont enchaînés trop rapidement. C'est ainsi que ça s'est passé…

— N'avez-vous pas pensé de nouveau à démissionner ?

— Si, j'ai demandé à cinq reprises à être déchargé de mes fonctions et chaque fois j'ai essuyé un refus dans les termes les plus cassants. Hitler était un homme démoniaque, possédé d'une volonté de puissance peu ordinaire… Enfin, vous savez tout cela. »

Lors de notre second entretien nous nous accrochons poliment sur l'ordre de fusiller les commissaires politiques des unités russes, signé par Keitel et que j'ai refusé d'appliquer.

« Je n'y étais pas favorable, m'avoue-t-il, mais que pouvais-je faire, à part signer, puisque ma démission était devenue impossible ? »

Il me dit avoir signé, et donc endossé chacun des décrets criminels de Hitler, jusqu'au funeste *Nacht und Nebel*, aux termes duquel ont été déportés et ont disparu tous les opposants au Troisième Reich.

« Cela pourrait bien me coûter ma tête, non ? Qu'en pensez-vous ? »

Puis il se tait.

Et soudain, comme s'il découvrait ma présence à Nuremberg, dans la même prison que lui :

« Mais dites-moi, Paulus, vous n'êtes accusé de rien, que je sache. Êtes-vous ici pour témoigner… contre moi ?

— Oui.

— Comment… comment pouvez-vous ? Ne sommes-nous pas sur le même bateau ?

— J'ai accepté de le faire au nom de la vérité et croyez bien que je ne compte pas me défausser de mes responsabilités.

— La vérité, la vérité… quelle vérité ?

— Les Russes souhaitent établir que nous les avons agressés, et ils entendent punir les acteurs de cette agression.

— Je n'ai fait qu'obéir à Hitler en signant l'ordre d'attaquer.

— Et moi vous obéir, monsieur le maréchal. Cela nous innocente-t-il ?

— Eh bien… Eh bien vous aurez ma mort sur la conscience. »

Il s'était levé et s'en était allé sans me saluer.

Le lundi 11 février 1946, je suis appelé à témoigner.

Mon interrogatoire est mené par le général Roman Rudenko, en charge de l'accusation pour la Russie soviétique.

« Comment et dans quelles circonstances fut mise à exécution l'agression militaire contre l'Union soviétique, survenue le 22 juin 1941, et préparée par le gouvernement hitlérien et le haut commandement des armées allemandes ?

— L'attaque contre l'URSS eut lieu d'après un plan longuement préparé par mes soins et soigneusement dissimulé. Les troupes d'attaque furent d'abord disposées en profondeur dans la région de leur concentration. Sur des ordres spéciaux, on les plaça par secteur dans leurs positions de départ et elles passèrent à l'attaque simultanément sur tout le front, de la Roumanie jusqu'à la Prusse-Orientale, le théâtre finlandais restant exclus. Une grande manœuvre de diversion, qui allait de la Norvège jusqu'aux côtes françaises, devait faire croire à l'intention d'un débarquement en Angleterre en juin 1941 et détourner ainsi l'attention des territoires de l'Est. Toutes les mesures étaient prises non seulement en vue d'une opération par surprise, mais aussi en vue d'une surprise tactique. Par exemple, nous avions interdit de mener des reconnaissances aériennes au-delà des frontières avant le début de l'attaque. Ce qui signifiait que des pertes éventuelles, résultant du manque d'informations, étaient acceptées d'avance au profit de l'effet de surprise. D'un autre côté, une surprise de la part de l'adversaire n'était pas redoutée. Toutes ces mesures démontrent qu'il s'agissait bien d'une agression criminelle.

— Comment définiriez-vous les buts de l'agression de l'Allemagne contre l'Union soviétique ?

— L'objectif Volga-Arkhangelsk, qui dépassait de loin les possibilités des forces allemandes, caractérise déjà le manque de mesure de la politique de conquête de Hitler et du gouvernement national-socialiste. Du point de vue stratégique, atteindre cet objectif équivalait à détruire toutes les forces de l'URSS. En gagnant cette ligne, nous aurions conquis et soumis les territoires essentiels de l'URSS avec la capitale, Moscou, et avec elle le centre politique et économique. Du point de vue économique, atteindre la ligne précitée entraînait la possession des régions principales de ravitaillement, des trésors les plus riches du sous-sol, y compris les bassins pétrolifères du Caucase et les centres de production les plus importants de la Russie ainsi que les nœuds ferroviaires de la Russie occidentale.

« Je peux indiquer combien Hitler désirait atteindre ces buts économiques par un événement auquel j'ai assisté personnellement. Le 1er juin 1942, lors d'une conférence des commandants en chef des groupes d'armées sud à Poltava, Hitler déclara : “Si je n'atteins pas les pétroles de Maikop et Prosnia, je dois liquider cette guerre."

« Pour résumer, je voudrais dire que les buts énoncés visaient à la conquête des territoires russes aux fins de colonisation, avec exploitation des matières premières et des ressources qui devaient permettre de terminer la guerre à l'ouest, dans le but d'établir l'hégémonie de l'Allemagne sur l'Europe.

— Qui, parmi les accusés, prit une part active dans la préparation et le déclenchement de la guerre d'agression contre l'Union soviétique ?

— À ma connaissance, les conseillers militaires de Hitler : Keitel, chef de l'*Oberkommando der Wehrmacht*, Jodl, chef de l'état-major d'opérations, et Göring en qualité de maréchal du Reich, de chef de l'armée de l'air, nanti des pleins pouvoirs en matière d'économie et d'armement.

— En terminant mon interrogatoire, je me résume : n'ai-je pas raison de conclure de votre déposition que, longtemps avant le 22 juin, le gouvernement hitlérien et le haut commandement de la Wehrmacht avaient préparé une guerre d'agression contre l'Union soviétique dans le but de coloniser son territoire ?

— Il ne subsiste pour moi aucun doute sur ce point d'après tous les développements que je viens de décrire. »

Je ne devais plus revoir le maréchal Keitel. Condamné à mort, il fut exécuté par pendaison le 16 octobre 1946, de même qu'Alfred Jodl, Hans Frank, Alfred Rosenberg, Joachim von Ribbentrop, Ernst Kaltenbrunner, Wilhelm Frick, Fritz Sauckel, Arthur Seyss-Inquart et Julius Streicher. Hermann Göring échappa à la pendaison en se suicidant dans sa cellule quelques instants avant d'être emmené à la potence.

Lorsqu'on m'annonça que j'étais atteint d'une sclérose latérale amyotrophique, maladie incurable, je me fis la réflexion que puisque la justice ne m'avait pas condamné à mort je l'avais fait moi-même. Si Keitel était coupable, je l'étais aussi, nous autres maréchaux et généraux l'étions tous. En se suicidant, alors qu'il allait être acquitté, le général Blaskowitz n'avait-il pas été traversé de la même pensée ? *Comment osent-ils nous innocenter ?* En acceptant de mener cette guerre, n'avons-nous pas servi Hitler, l'homme qui voulait anéantir les Juifs et réduire les peuples d'Europe à l'esclavage ? Ne sommes-nous pas complices de ses crimes ? « L'effusion de sang qu'ils ont répandue dans l'Europe, au nom de l'honneur allemand, a ouvert les yeux même au plus sot », écrivaient au début de février 1943 les résistants de la Rose blanche. Qui donc a répandu le sang « au nom de l'honneur allemand », si ce n'est nous, commandants de la Wehrmacht ? Nous, qui ne sommes pas sots, mais avons choisi de fermer les yeux. Si au lendemain de la

« nuit de cristal » nous avions tous rendu les armes, plaçant nos pas dans ceux d'Ernst Jünger, le sang qui avait commencé à couler dans nos rues se serait bientôt tari et l'Europe aurait été épargnée.

Ainsi la conscience de m'être trompé en servant un criminel, née dans les dernières semaines du siège de Stalingrad, n'a-t-elle plus cessé de s'approfondir et de me tourmenter, jusqu'à me condamner à mort. J'ose écrire ici que je ne pardonne pas aux tribunaux des Alliés de m'avoir innocenté, comme ils ont innocenté le peuple allemand qui jusqu'au bout a soutenu son Führer. « La honte pèsera pour toujours sur l'Allemagne, si la jeunesse ne s'insurge pas enfin pour écraser ses bourreaux et bâtir une nouvelle Europe spirituelle », écrivaient les résistants de la Rose blanche. Ni la jeunesse ni le reste du peuple allemand ne se sont insurgés et cependant l'Allemagne a échappé à la honte parce que les tribunaux ont feint de croire à son innocence. Mais qu'aurait pu faire Hitler si le peuple s'était détourné de lui ? Qu'aurait pu faire Hitler si, au lendemain de la « nuit de cristal », le peuple allemand tout entier était descendu dans la rue pour s'interposer entre les Juifs et les assassins ? Rien, presque rien, en comparaison de ce qu'il a fait *grâce à nous*.

Le poids de notre complicité est si lourd à mes yeux que lorsque les autorités soviétiques m'ont annoncé ma libération, en 1953, après dix années de captivité, je n'ai pas envisagé un seul instant de rentrer en Allemagne. Reprendre ma place parmi ces prétendus innocents aurait été accepter pour la seconde fois de m'aveugler.

J'avais éprouvé un profond dégoût pour le communisme avant la guerre, mais au colonel de l'Armée rouge qui m'interroge – et m'offre un verre de vodka – je m'entends répondre que j'aimerais m'installer en Russie.

« Vous ne souhaitez donc pas retrouver les vôtres ?

— Je n'y suis pas prêt, non.

— Mais… mais votre femme.

— Ma femme est morte.

— Ah, pardonnez-moi, je suis désolé…

— Je vous en prie, colonel, qui n'est pas en deuil aujourd'hui ? Il me reste deux enfants, mais ils n'ont plus guère besoin de moi.

— Bien, alors nous allons réfléchir à une solution. »

J'ai découvert Marx au camp de Souzdal. Me suis convaincu que le système communiste porte en lui une promesse de paix, une forme d'idéal pour l'humanité qui aurait pu fonctionner si Staline ne l'avait pas perverti. Or Staline vient de mourir.

Quelques jours plus tard, le même colonel me propose de m'installer dans la jeune République démocratique d'Allemagne, à Dresde précisément.

« Vous seriez à la fois dans un pays communiste, comme vous le souhaitez, et parmi des gens qui parlent votre langue.

— Je pensais qu'il ne restait rien de Dresde après le bombardement de février 45.

— Certains quartiers ont été reconstruits, vous disposeriez d'une villa.

— Eh bien, colonel, marchons pour Dresde ! »

C'est dans cette maison, étroitement surveillé par les services soviétiques, que la maladie s'est faite de plus en plus cruelle, entamant petit à petit chacune de mes fonctions vitales.

Les médecins m'ont averti que je mourrai dans de grandes souffrances, vraisemblablement par étouffement.

Avant d'être réduit à l'état de grabataire, j'ai prié mon fils, Ernst-Alexander, de bien vouloir effectuer le voyage depuis Baden-Baden pour récupérer mes archives.

C'est à lui que je remets ce manuscrit.

Dresde, le 10 août 1955

BIBLIOGRAPHIE

Heinrich Gerlach, *Éclairs lointains*, Anne Carrière, 2017

Leon Goldensohn, *Les Entretiens de Nuremberg*, Flammarion, 2005

Julien Hervier, *Entretiens avec Ernst Jünger*, Gallimard, 1986

Adolf Hitler, *Mein Kampf* [1934], Nouvelles éditions latines, 1979

Ernst Jünger, *Journal de guerre et d'occupation, 1939-1948*, Julliard, 1965

Ernst Jünger, *Sur les falaises de marbre*, Gallimard, 1942

Erich von Manstein, *Mémoires*, Perrin, 2015

Friedrich Paulus, *Stalingrad*, Fayard, 1961

Hans et Sophie Scholl, *Lettres et carnets*, Tallandier, 2008

Inge Scholl, *La Rose blanche*, Minuit, 1955

Jean-Louis Thiériot, *Stauffenberg*, Perrin, 2009

Les Minutes du procès de Nuremberg, audience du lundi 11 février 1946.

Cet ouvrage a été mis en pages par

<pixellence>

Achevé d'imprimer en février 2024
par Normandie Roto Impression s.a.s.
61250 Lonrai
N° d'impression : 2400239
N° d'édition : 549447-0
Dépôt légal : mars 2024

Imprimé en France